HUÉRFANOS DEL NARCO

Los olvidados de la guerra del narcotráfico

Javier Valdez Cárdenas

HUÉRFANOS DEL NARCO

Los olvidados de la guerra del narcotráfico

AGUILAR

Huérfanos del narco
Los olvidados de la guerra del narcotráfico

Primera edición: julio de 2015

D. R. © 2015, Javier Valdez Cárdenas

D. R. © 2015, derechos de edición mundiales en lengua castellana:
Penguin Random House Grupo Editorial, S.A. de C.V.
Blvd. Miguel de Cervantes Saavedra núm. 301, 1er piso,
colonia Granada, delegación Miguel Hidalgo, C.P. 11520,
México, D.F.

D. R. © diseño de cubierta: Ramón Navarro
D. R. © fotografía del autor: Luis Brito

www.megustaleer.com.mx

Comentarios sobre la edición y el contenido de este libro a:
megustaleer@penguinrandomhouse.com

ISBN 978-607-313-289-3

Impreso en México/*Printed in Mexico*

Para José Luis Franco, el Pepe, mi amigo,
a quien espero de ese viaje de ida…

Para todos los huérfanos y las viudas que palpitan,
a pesar de los páramos, los hospitales y cementerios.

Para María Herrera Magdaleno y sus cuatro muertes,
por ese mausoleo de lucha y amor.

Para Mirna Nereida Medina y las rastreadoras,
por esa locura suicida de canjear osamentas por esperanza.

Índice

Agradecimientos

A Daniela Rea, por ceder y atender a mi terquedad, y por ayudarme a tejer estas historias. A Carolina Hernández, porque sí y porque siempre. A Andrés Villarreal, Ismael Bojórquez, Cayetano Osuna y Judith Valenzuela, de *Ríodoce*, por echarle leña al fuego de la amistad.

A Felipe Parra por los *rounds* de sombra y letras. A Leticia Hidalgo por contagiarme de su valentía. A Samanta Macías por esa forma de cruzar el fuego y por la portentosa complicidad. A Lucy Sosa por creer en mí como en el desierto.

A César Ramos, mi editor y amigo, por acompañarme en esta travesía; también a Patricia Mazón, David García, Andrea Salcedo, Sergio Zepeda y Enrique Hernández, del equipo de Editorial Aguilar. A Carlos Lauría, por su invaluable presencia y cercanía. A Saríah, como siempre y como nunca. A Mireya Cuéllar.

A mis hijos: Tania Penélope y Francisco Javier. A Gris.

Prólogo. Estar vivos con los muertos

Las madres buscan desesperadamente a sus hijos en terregales, desiertos, lagos podridos y al filo de carreteras macabras, bajo un sol cómplice y miserable. Los policías y miembros del ejército pasean con displicencia bajo el calorón en busca de presas para su sed de sangre, saben que deben defender a los desprotegidos y a los más necesitados, pero quién carajos les pide en este pinche apocalipsis que es la guerra del narco que cumplan con su deber.

Los gobernantes y presidentes municipales le dan otro sentido a la queja, a la amargura, y hablan de un dolor lejano, como el paradero de los desaparecidos. El presidente del país dice que le duelen los torturados y los muertos, pero su dolor es inacción para las víctimas, es herida fresca y llaga, es nada para la salvación. Los juristas gruñen y riegan cifras ateridas, inútiles; mientras los desaparecidos, que no son 43 ni cien, sino miles, se ahogan en sus fosas de pánico y desmemoria; las organizaciones civiles exigen, y los niños... ¿y los niños? ¿Dónde están los niños? ¿Qué les duele, qué rabia incuban, qué chingazos saldrán de su resentimiento? ¿Cuánto dolor hace falta para pensar en los niños? En los desamparados, los mendrugos de pan de este festín putrefacto, los desarrapados que quedaron sin amor ni esperanza, ¿quién arrulla a esos niños? ¿A quién le duelen, de verdad, los huérfanos?

A quién carajos le duelen, por ejemplo, esos tres, cinco niños que miran sonrientes desde su abandono, esos niños que encuentro mientras recojo las notas de este libro, criaturas que se empujan y moquean divertidos, con sus caritas que son una cicatriz viva; los miro y compruebo que en sus ojos no brilla la esperanza de un mañana mejor, sino el hambre, el desconcierto, el leve olvido que muy pronto deja su lugar a la pobreza y la desolación. Ella tiene un vestido sencillo y limpio, aunque roto, unos zapatos viejos de hule y en lugar de moños sus trenzas están coronadas por cintas desgastadas que fueron rojas o violetas; el más pequeño no tiene zapatos ni calcetines, sus mejillas chapeadas, agrietadas, hablan de un frío nocturno, de una ilusión helada, y de la ausencia de un beso paterno; los niños confunden el hambre con la soledad, el sol estúpido y quemante con la sed producto de horas y deshoras en espera de su madre que, casi es seguro, busca al padre desaparecido o está postrada en un sillón porque papá está enterrado, luego de una tortura salvaje sin deberla ni temerla. Las dos niñas de en medio ríen ante mí y se ocultan en sus ropas viejas, contestan a mis preguntas con la curiosidad de un pajarito y la viveza de un árbol seco, triste, de pronto se alegran y sus gestos parecen apartar su soledad. Luego miran a lo lejos y, como si no comprendieran esta jodida existencia, dicen que su papá fue a trabajar, que lleva varios días fuera de casa, pero volverá, ¿regresará? Me pregunto, y ellos a veces confundidos, otras con entusiasmo confirman que el difunto, el levantado, el trabajador que cayó en manos de los asesinos, regresará...

¿Y quién le explicará a ese huérfano recién nacido que nunca verá a su padre vivo, que fue desollado y torturado, que tenía sueños y por eso se fue a estudiar a una escuela Normal, para buscar un país mejor, una casa mejor, una familia mejor? ¿Quién le dirá a ese huérfano que nadie hizo nada para salvar a su padre, que siendo muy joven y lleno de ilusiones, los policías y criminales arrancaron con navajas o cuchillos la sonrisa de su rostro, que su madre y sus abuelos lloran, pero el llanto, intenso y duro, agujas de sal y agua, arde en la memoria todos los días?

¿Quién le dirá al hijo del policía acribillado por otros policías o miembros del ejército, o por guardias siniestras que protegen a los delincuentes, que su padre no lo cargará en sus brazos por las noches, que no lo llevará jamás a la feria a jugar con la vida, ni beberán juntos una agua fresca bajo el solazo encabronado? ¿Quién le dirá a estos niños que la pinche vida, la perra y miserable vida escondió a sus padres, a su madre quizá, a su abuelo, a su hermano, en su risa huesuda y sangrante?

Y así pasan los días y las víctimas se multiplican, no sólo en el norte de este país desmembrado; en el sur y el occidente, en el centro y el oriente, la violencia se volvió tema cotidiano y su brutalidad se comenta en escuelas y cafés, en las cantinas y las oficinas; los hospitales tienen un anecdotario sorprendente de víctimas y en los ministerios públicos los expedientes están más muertos que los desaparecidos, y flota de nuevo en el aire enrarecido la pregunta: ¿y los huérfanos? Los hijos de campesinos muertos, de choferes muertos, de obreros muertos, de madres muertas en busca de justicia porque les matan a sus hijos, de policías muertos, de militares muertos porque enfrentaron en mal momento al demonio de la impunidad, ¿y los huérfanos? ¿O es que sólo representan para el Estado y las instituciones un dato duro y frío y sin relevancia?

Escribí *Huérfanos del narco* por todos los padres desaparecidos y por las ilusiones asfixiadas de tantos hijos que agotarán sus lágrimas y perderán sus esperanzas, vi los rostros de niños y jóvenes, de estudiantes de primaria y secundaria, de muchachas en flor cuya vida marchita fue ahogada por un balazo o un levantón, vi el rostro de las madres y los padres muertos en vida, vi a los huérfanos en silencio, con las últimas migajas de la esperanza, vi a los huérfanos en el desierto, en terregales y fotos de caras sonrientes, acuchilladas por la realidad; vi a los huérfanos y desee que su vida fuera distinta, que a pesar de nuestra estupidez humana, del deterioro de nuestras instituciones y la indiferencia de nuestros políticos y dirigentes, algo surgiera en nuestra sociedad para acercarse a ellos y aliviar un poco su dolor.

Me gustaría que estas páginas sirvieran para detenernos un poco en la queja, el grito, la vociferación y la violencia, y pensáramos que más allá de todo el dolor por las víctimas, dolor atroz e inmerecido, hay niños que no reclaman nada, no gritan ni lanzan improperios, sonríen con su corazón en lo más hondo de la desesperación y la fractura, niños en silencio que sólo soportan, sin saber por qué ellos, las secuelas de los tiroteos, los levantamientos, los secuestros, la impunidad y los asesinatos.

Escribí este libro porque me gustaría que sus historias movieran levemente una conciencia, aunque sea una sola conciencia que dijera *ya basta* a la impunidad, al abuso y a la violencia contra quienes no pueden defenderse, contra inocentes y desamparados, lo escribí para acercar al lector el rostro y sentimientos de estos niños con lágrimas, sonrisas, mocos, heridas, recuerdos torcidos y semblantes hermosos aun en la más jodida realidad. Estas páginas apuestan por reflexionar sobre el presente —ya no el futuro que para ellos tal vez no exista— de estos niños cuyo pedazo de existencia es una lesión profunda en sus caritas apenas sonrientes, un clavo podrido en su alma que de por sí carga un dolor perdurable.

3 de mayo con lluvia, de 2015,
día de la Santa Cruz

Iñaky

"¿Tú me amas, abuelita?"

Iñaky le quiebra la voz y le inunda los ojos a su abuela Juana. Es como su nombre –de origen vasco– que significa "fuego", y ardiente: quema, duele, deja marcas en la piel y más allá. Su jovialidad e inteligencia, su arrojo y esa madurez que no abandona la ternura y mucho menos el amor.

Ella contesta que sí. Él insiste. Y es que el diálogo no puede quedar así, y menos con Iñaky ahí, cerca. "¿Y todos aquí me aman?", pregunta. Y le responde con dos sílabas: "Todos."

Juana Solís Barrios tiene 50 años y es madre de Brenda Damaris González Solís, desaparecida por policías de tránsito cuando tenía 25 años y localizada meses después, un 17 de octubre de 2011, en el municipio de Santa Catarina, muy cerca de Monterrey, en el estado de Nuevo León.

Ella, Brenda Damaris, es la madre de Iñaky, ese guerrero de seis años que da tanto amor como el que necesita.

Accidente tipo choque

El 31 de julio, durante la madrugada, Damaris llamó por teléfono a Aldo, su cuñado. Le informó que había chocado su automóvil. Aparentemente todo estaba bien, se trataba sólo de un accidente vehicular. Él le dijo que si necesitaba que le llevara dinero para que se arreglara con la otra persona que participó en el percance. Pero la comunicación se cortó.

Alcanzó a escuchar una voz lejana que le advertía a Damaris que colgara el teléfono, que dejara de hablar.

Abraham, su hermano, también se enteró porque recibió una llamada de Damaris. Después intentó comunicarse al teléfono celular y no logró que entrara la llamada. El accidente fue en calle Industria de Las Palmas, colonia Adolfo López Mateos, Monterrey. Llamó y llamó y llamó de nuevo. Ya no contestó.

Cuando Abraham, apurado, llegó al lugar donde había sido el choque, ya no había nadie. Tres camionetas de modelo reciente, lujosas, salían del lugar a toda velocidad y casi chocan con él. Entre los vehículos identificó una marca Ford, tipo Lobo, de cabina y media. Abraham siente culpa. Ese episodio le sigue doliendo: tal vez, en una de esas camionetas que salieron disparadas, en medio del rugir diabólico de esos motores y el chirriar funesto de las llantas, iba su hermana, sometida, golpeada, ahogada en llanto y anegada en un futuro incierto. Y él, que pasó de largo, que pensó encontrarla ahí, en la calle, no la vio.

Fue entre las 4:00 y 4:30. Hora del diablo en Monterrey, donde todos los días, y a todas horas, en esa etapa de 2011 –de la que quedan secuelas en 2014 y 2015–, en que el diablo manda, los malos tienen el poder y parecen mayoría.

Con ella iba Julio César Santos, un contratista con quien la familia, incluida Damaris, laboraba vendiendo comida entre los albañiles, en las obras de construcción que tenía.

Iñaky tenía dos años cuando su madre desapareció, esa joven hermosa y brillante, que apenas cursó la secundaria y era muy trabajadora y empeñosa en todo lo que realizaba. Ella y Juana hacían comida para los trabajadores –albañiles y molderos– que el contratista había empleado. No vendían los platillos, sólo los entregaban como parte del acuerdo que tenían. De 25 a 30 trabajadores y el mismo número de desayunos, comidas y cenas que debían preparar desde la madrugada y luego repartir.

Ese año, en mayo de 2011, el cumpleaños de Iñaky –a quien Damaris concibió con Francisco Abraham Celestino González– había sido en grande. Para Juana, la madre de Damaris, fue como una despedida: mucha comida y bebida, muchos globos y dulces, un enorme pastel y los más grandes juegos, "como si supiera que ése era el último cumpleaños que ambos, Iñaky y su madre, pasarían juntos, porque festejaron en serio".

Durante la fiesta, el cumpleañero se cayó y le salió un chipote en la frente. Aldo, su primo, con quien convive mucho y le lleva apenas unos cuatro meses de diferencia, se burlaba de él. E Iñaky, que parecía estar siempre de fiesta y ese día desbordaba felicidad, se reía y reía con las burlas de su primo Aldito.

Ese chipote en la frente no era nada. La vida estaba ahí. La felicidad había instalado una sucursal en el festín, y en mayo es primavera, y la sonrisa dura una eternidad. Tanto y tan poco, que el 31 de julio de ese año lo incierto ya los esperaba, agavillado, a oscuras y a la vuelta de la esquina, para quebrarlo todo en sus vidas.

La tristeza, ese soplo

Damaris desapareció y así duró hasta el 17 de octubre de 2012. El vehículo en que viajaban ella y Julio César Santos tenía al menos cuatro impactos de bala, cuyo calibre nunca fue dado a conocer. Casi quince meses después fue encontrada una osamenta en un paraje deshabitado, de una zona conocida como La Huasteca, en Santa Catarina.

En ese lapso de esperas, sin manecillas de reloj ni luz del sol, todo se hizo gris en la vida de Juana, su madre, hijos y nietos. Aldo, entre ellos: fue llevado al médico. Tuvo algunos problemas que ahondaban las arrugas de sus padres y abuelos, y tíos. Tanta tristeza en esa familia, los llantos, los males y la búsqueda, habían hecho mella en la infancia, esa inocencia estrenada y al mismo tiempo robada. Sus lesiones eran de las peores, de esas internas que no se notan, que sólo el alma muestra.

Esa ausencia de Damaris y la vida quebrada de quienes lo rodeaban –entre ellas Juana, su abuela, y su primo Iñaky– terminaron por enfermar a Aldo. El médico que lo revisó dijo que era un niño deprimido, afectado por su entorno, y enfermo: un soplo en el corazón había asomado en esa pequeña zona torácica. Muy pequeña y breve, como esos poco más de dos años que llevaba en este mundo, como para cargar los pípilas y las losas de ese levantón, de los llantos de quienes estaban cerca de él, de los insomnios y los días nublados, grises, mortecinos.

"Él, Aldito, siempre nos veía llorando, tristes. Y ahora empieza con las uñas, a mordérselas. Se jala la playera, se pone inquieto. Como que no cabe, como que sufre cuando nos ve así. Y no sabe qué hacer. Y pues claro, se pone también triste", manifestó Juana.

Esa tristeza, agregó, hizo que le apareciera un soplo en el corazón y el pediatra lo dijo: "Ese niño trae una fuerte depresión o problemas muy grandes en su casa, por eso le apareció el soplo." Le dio medicamento, hizo recomendaciones a la familia y luego de tres años se recuperó y el problema fue resuelto.

De todos modos, el pediatra recomendó que también lo llevaran a terapia, con algún psicólogo, para que lo valorara.

En ese lapso, también la madre de Juana padeció una enfermedad que la llevó a la muerte, el 12 de enero de 2015, sin volver a ver a Damaris, a quien tanto quiso. Neumonía y paro cerebral, fue el diagnóstico plasmado en el acta de defunción. Desolación, dice Juana. Eso la mató.

Siempre le llamaba. Lo hacía todos los días, dos o tres veces. Y siempre lloraba. Juana la atendía porque también le servía para desahogarse. Así fue hasta el último día, cuando murió, en la ciudad de Los Ángeles, California, a los 65 años: su negra, le decía, porque la negra grande era Juana y la negrilla, otra de las nietas que apenas va a cumplir quince años.

Juana ahora tiene a sus hijos Janeth, de 34 años, Juan Antonio, de 32, y Abraham, quien en 2015 acaba de cumplir 25.

Me hubieran llevado a mí

Abraham está enojado y triste. Su vida, sus sentimientos, están en una lavadora industrial y en una secadora, al mismo tiempo. Todo se moja, se echa a perder, destruye y amarga, en su vida personal y laboral. La ausencia de su hermana, ese complejo de culpa que le agrieta la frente y le duele en nuca y espalda, por no haber llegado momentos antes de que su hermana fuera privada de la libertad por esos criminales; eso lo tiene así: distraído, vencido, enojado, peleonero y en el naufragio.

"Ellos siempre estuvieron juntos. Abraham y Damaris eran muy unidos, y en general todos. Ahora él está padeciendo una fuerte depresión", señaló Juana, quien agregó que el sufrimiento de su hijo es mucho mayor al de Aldito, su nieto, por haber convivido más con su hermana.

A los tres días de que encontraron los restos de Damaris, agregó, se accidentó en el trabajo. Una rueda de acero se le cayó, le aplastó la mano izquierda y le quebró uno de sus dedos, "como que no se concentra".

A los pocos días, Abraham –quien opera maquinaria pesada en la empresa FRISA– tumbó un puente que recién habían construido, también debido a un descuido. Sabe, y también su madre, que pudieron haberlo corrido, pero el jefe fue quien le preguntó qué le pasaba y le contó sus penas, y el caso no pasó de ahí gracias a la comprensión de los encargados de la obra, quienes además le ofrecieron ayuda.

"Ahora está durmiendo más. Sigue con la depresión. Dice que por qué no se lo llevaron a él y no a ella, que ella tiene un hijo y él no… yo lo que le respondí es que él me tiene a mí y que igual me hubiera dolido perderlo a él. Pero él está mal. Todos los días le tengo que llamar para que venga a comer, porque se queda dormido, está inactivo. Nada lo hace feliz y siempre está a la defensiva. Ahorita está viviendo con una muchacha, Lupita se llama, y a cada rato le grita. 'A tu hermana no lo hubiera gustado que la trates así', le digo yo, y luego se calma."

Una noche de febrero andaba borracho, en casa de su madre. Juana no quería dejarlo ir por la condición en que se encontraba y quiso impedirle el paso.

Forcejearon. Él terminó tumbándola y lastimándole el cuello. Ella le gritó una y otra vez: si te agarra la policía, quién sabe dónde te vamos a encontrar.

Al día siguiente le llamó a su madre. Quiso disculparse.

"Él tiene mucho coraje. Coraje, rabia con todos y con quien sea."

La basurita

Iñaky llora. Cuando se encuentra por fin con su primo Aldo, inseparable y cariñoso, lo abraza y entonces es Aldo quien llora.

Abraham ve esto y también empieza a llorar.

Juana llora porque todos están llorando, pero cuando Iñaky ve que su abuela tiene los ojos mojados y ha formado ríos en sus mejillas y bajo las fosas nasales, pregunta qué tiene. Ella responde: me cayó una basurita.

"¿Una basurita, abuelita? Lo mismo me dice mi tío Abraham", responde el menor.

Luego pregunta cuándo va a llegar su mamá. "Pronto. Un día, un día."

Pero Juana sabe que necesita darle otra versión, quizá enfrentar esa realidad que esquiva pero que por dentro le tiene una espada encajada en el abdomen, en todos sus centros. Por eso acudirá con la psicóloga, para que ella la asesore y le diga cómo decirle a Iñaky que su madre fue levantada por unos criminales, quienes la sorprendieron de madrugada, y que la mataron. Que su madre no volverá.

Él sólo ve la foto. Dice que es hijo de una princesa, su princesa. Toma la foto y la acaricia. La abraza con esos dedos minúsculos. Luego la besa y la besa y la vuelve a besar. Él es como su madre, como era ella: alegre, fiestero, inteligente, preguntón y "machetón", un regionalismo neoleonés que significa entrón, terco, duro, intrépido y avezado.

El hallazgo

Los restos –polvo y huesos– fueron encontrados por desconocidos, quienes reportaron a la policía cuando buscaban enjambres. Aparentemente, les había llamado la atención los malos olores y fue cuando encontraron lo que quedaba del cadáver de Brenda Damaris González Solís. Fue por la carretera Monterrey-Coahuila, en el kilómetro 92; les avisaron a los de la Policía Federal de Proximidad Social –antes federales de caminos– y éstos a la agencia del Ministerio Público especializada en homicidios, de la Procuraduría General de Justicia del Estado (PGJE).

Luego, funcionarios de la procuraduría le llamaron a Juana. Se le hacía imposible que fuera su hija, porque versiones iniciales hablaban de que la persona encontrada ahí tenía entre diez y doce meses de haber sido asesinada. No coincidía.

Por eso, ella acudió a Leticia Hidalgo, de Fuerzas Unidas por Nuestros Desaparecidos de Nuevo León (Fundenl). La procuraduría le había dicho que incinerara el cadáver y que lo hiciera cuánto antes, o bien la enterrara. Ambas medidas debían realizarse rápidamente. Ante las dudas, Hidalgo le recomendó a Juana que mejor la sepultara y si había dudas podían recurrir a la exhumación.

En el periódico *Zócalo* de Saltillo fue publicada una nota sobre esto, el 17 de febrero de 2015:

A pesar de haber transcurrido cuatro años de su desaparición, de que sus restos fueron mezclados con los de otros cuerpos, y de que éstos fueron entregados en una bolsa de plástico negra sin el menor cuidado de la evidencia pericial, un peritaje internacional permitió a los familiares de Brenda Damaris González Solís, desaparecida en Nuevo León, corroborar finalmente su identidad.

Brenda Damaris González Solís desapareció el 31 de julio de 2011 en el municipio de Santa Catarina, tras sufrir un percance vial. Ella se comunicó con su familia para informarles del accidente y les dijo que en ese momento llegaba al lugar una patrulla de la Policía Municipal. Su auto fue encontrado con cinco impactos de bala a orillas de la cinta asfáltica.

La primera semana de octubre de 2012, la familia de Brenda Damaris acudió al paraje La Huasteca en Santa Catarina, ante la información de que había sido hallada una fosa con cuerpos. Días después, Juana Solís Barrios, madre de Brenda Damaris, fue informada del hallazgo de restos que aseguraron eran de su hija.

Ante las irregularidades en la investigación, Fundenl (Fuerzas Unidas por nuestros Desaparecidos en Nuevo León) solicitó a la Procuraduría de Justicia autorizar un peritaje independiente que diera certeza a la familia González Solís.

El peritaje comenzó el día 10 de septiembre de 2014 y fue realizado por el equipo peruano de Antropología Forense, quienes han fungido como peritos en Perú, El Salvador, Brasil y la región de los Balcanes en Europa oriental; apoyado por un perito del Equipo Mexicano de Antropología Forense. Ambos realizaron la exhumación, custodia, traslado de restos, toma de muestras y envío de las mismas al Laboratorio Bode Technology en Washington, E.U.

Los resultados, informa el organismo, corresponden con Brenda Damaris González Solís.

Otras versiones extraoficiales, citadas por periódicos locales y nacionales, indican que los peritos de la procuraduría entregaron dos bolsas negras con los supuestos restos de Damaris, pero en una de ellas iban dos cráneos. "Fue todo un escándalo", señalaron fuentes periodísticas. La información no fue confirmada por los familiares de la hoy occisa, quienes sí aseguraron que de parte de los investigadores y de la procuraduría hubo indolencia y negligencia en la atención a este caso.

Juana Solís manifestó que fueron ella, su esposo y su hijo Juan Antonio quienes entregaron muestras de sangre para que se realizaran los estudios de ADN y poder confirmar que los restos encontrados corresponden a su hija. Las pruebas fueron enviadas a Washington y el 16 de febrero les dieron los resultados: sí, esos huesos, ese polvo, esas añejadas prendas y cabellos, eran de ella, Brenda Damaris.

La madre recuerda cómo los funcionarios de la procuraduría y del Ministerio Público se negaron a informar las causas de la muerte de su hija. "Se va a tardar más tiempo", le dijeron. Tenían prisa por deshacerse de los restos y "esclarecer" la desaparición y asesinato de la joven.

El 19 de febrero hubo misa y homenaje para Brenda Damaris, en Monterrey, antes de sepultarla de nuevo. Fue en el panteón Santo Cristo. Asistieron, además de familiares y amigos, activistas de Fundenl y funcionarios de la Comisión Ejecutiva de Atención a Víctimas (CEAV).

Los estudios de ADN eran costosos. Cerca de 85 mil pesos. Parecía que los investigadores y el Ministerio Público pensaban que no iban a lograrlo, pero fueron peritos peruanos y mexicanos, al margen del gobierno federal, quienes realizaron las pruebas: el Equipo Peruano de Antropología Forense y la naciente organización Gobernanza Forense Ciudadana. Este fue el primer caso en el que intervinieron en México y las organizaciones Gobernanza Forense Ciudadana está integrada por los mejores estudiantes mexicanos en Londres, especialistas en genética y materias afines. Los especialistas estuvieron en Colombia, realizando labores similares y empezaron a enfocar sus trabajos a investigar los casos de desaparecidos en nuestro país.

Ante la Universidad de Durham, en Londres, Inglaterra, presentaron un proyecto, cuyo objetivo era tratar de identificar cientos, miles de cadáveres que supuestamente pertenecen a personas desaparecidas. Para Juana, "es un regalo a los padres y madres de los desaparecidos, porque además de identificarlos, elaboran el registro nacional de personas desaparecidas en México. En el caso mío, ellos donaron su trabajo. Lo que nosotros hacemos como organización es pagarles hospedaje y alimentación".

Por eso, las autoridades de esa universidad inglesa no dudaron en apoyar el proyecto. En suma, se trata de cerca de 1 500 muestras de ADN en las que buscan trabajar, en un laboratorio ubicado en Washington, reconocido como uno de los más prestigiosos en el mundo, operado por Bode Technology Laboratory.

Loca

Para Juana Solís, a su hija se la llevaron por bonita y la mataron porque no se quedaba callada ni se dejaba de nadie, mucho menos si se trataba de un abuso. No pudieron con ella, por eso la mataron, asegura. Se la llevaron a trabajar, quisieron obligarla a hacer cosas que no quería, se rebeló y hasta ahí llegó.

Ahora se le juntó todo. Las malas noticias, advierten, nunca llegan solas. A Juana le llegaron como abejas africanas: enrabiadas y en bola. Su hijo odia a todos, su nieto deprimido y en medio de una disputa legal con el padre, Aldito contagiado de tristeza y enfermo, su madre murió poco después de que su hija desapareció, ella no tiene trabajo y su esposo fue despedido. A esto se agrega la falta de dinero.

El esposo trabajaba como obrero y a su cargo estaban 25 personas. Pero se desesperaba, le entraban estados de ansiedad y "se ponía mal". Otros empleados lo llevaban a la enfermería de la empresa, donde lo inyectaban y lo mandaban a su casa. Este ritual frustrante se repitió una y otra vez, hasta que los dueños optaron por cesarlo, a sus 56 años, unos días después de que su hija fue levantada.

Ahora, Juana vende ropa usada, hace salsas y también las vende, y recibe todo tipo de ayuda de sus hijos y otros familiares. Una hermana le regala un litro de aceite, tal vez jabón para lavar o para el baño. Pero eso no importa. Para ella "todo se fue".

Y no es que no quiera trabajar en forma, es que andaba buscando a su hija, pero además no tenía humor de nada luego de su desaparición y muerte, y el juicio para permitirles convivir con Iñaky, a quien casi no ven porque su papá, Francisco Abraham Celestino, lo esconde y busca por diferentes medios evitar que el menor conviva con la familia de su extinta esposa.

Y en medio de eso, su hijo Tony decidió llevar a su hermana para siempre. Igual hizo Abraham: Tony se mandó tatuar en el brazo a Damaris, y Abraham a lo ancho y largo de su espalda, como un corazón que lo cuida de las traiciones y el mal. Tony porque quiso. Abraham porque así lo prometió si encontraba a su hermanita.

Juana dice que varios años después sintió que empezó a volver en sí, como si despertara de un largo y profundo sueño, o regresara de un viaje infinito, desconocido, nebuloso, del que no quiere recordar nada. Me acuerdo, dice, que empecé a volver, a despertar.

—¿Por qué lo dice?

—Porque estaba loca.

Para Juana, loca es no comer ni querer hacerlo, no bañarse durante días ni dormir ni querer moverse ni ver a nadie ni vivir ni morir ni respirar ni estar.

Abuelita, ¿me quieres?

El padre de Iñaky responsabiliza a la familia de Damaris de su muerte. Por eso, porque les tiene coraje, les niega la posibilidad de ver al nieto. Juana le buscó de diferentes modos, pero no pudo. Decidió asesorarse y buscar medidas legales, a través de un juicio familiar.

Cuando ella "despertó" de ese denso letargo, lechoso y frío, se dio cuenta que le negaban a su nieto, Iñaky. "La verdad, cuando me di cuenta, dije: 'Me lo están robando', porque mi yerno no nos dejaba que lo viéramos. Nos lo negaba."

Un primer triunfo fue lograr que un juzgado dictara que podían encontrarse con él, con Iñaky, una hora cada domingo, en un Centro de Convivencia, del gobierno del estado.

"Una juez le indicó que no era lo que él quisiera o dijera, que el niño lo tenían que ver en una convivencia. Se dio una hora en el instituto de convivencia del gobierno, una hora… se nos hacía tan triste, cada domingo, llegar y abrazarlo… en ese muy poquito tiempo", recordó.

Como la pelea judicial continuó, el siguiente paso fue lograr que los visitara en su casa, ya no en el instituto de convivencia, cada domingo, de las 12 a las 19 horas. Juana dice que Iñaky es ahora más libre, convive con Aldito y sus tíos. Ahora están viendo la posibilidad de que se quede con ellos, en su casa, durante todo el fin de semana. Mientras, un psicólogo realiza una evaluación, como parte de los requisitos planteados por el juez.

—¿Cómo ha reaccionado Iñaky a todo esto?

—Cuando regresa a la casa se vuelve loco, porque ahí le damos todo el amor: nos dice: 'Sácame el balón, sácame la bici.' Todo lo hacemos por él, igual que Aldo, porque los dos tienen bicis y balones iguales. La semana pasada se cayó y la abuela, la otra, se enojó y lo regañó. El niño se accidentó, como le pasa a cualquier niño. Y es que esa vez quiso que le quitáramos las llantas de atrás de la bici y se accidentó, pero no pasó nada. Sólo traía un chichón. Yo le dije: 'Eres igual que tu madre, de machetón', y a él nomás le da risa.

—¿Por qué me dices eso abuelita?

—Porque tu mamá en la moto se quemó el pie, en los patines se quebró los dedos, siempre andaba así. No paraba. Igual tú, te caes y ahí vas. "Es que sí le sé, de veras, sí le sé", es lo que él dice.

—¿Iñaky hace comentarios sobre la forma en que lo tratan allá, con su papá?

—Él dice que aquí sí lo quieren mucho: "Allá no me quieren… ¿tú me quieres mucho, abuelita?" Dice. También comenta mucho que su abuela Pancha lo regaña mucho. Y vuelve a preguntar: "¿Me quieren todos? Allá mi abuela Pancha me regaña." Tiene un vozarrón igual que Damaris. Muy ronco, fuerte.

Juana asegura que es evidente que él prefiere quedarse, pero también debe estar consciente de que, por lo pronto, eso no es posible.

—Le aviso cuando es tiempo de que se vaya para que se prepare. Y él contesta que por qué se tiene que ir, que no quiere volver con su abuela Pancha. Yo le digo "si no te llevo, viene la policía por mí y ya no te van a dejar venir". Él revira que está harto de ese ir y venir, de acudir al Instituto de Convivencia y de tratar con tantos abogados, durante el juicio.

En la calle un hombre vende elotes. Afuera de las oficinas del Fundenl, pasa y grita y canta. Lo hace tan mal que distorsiona. Sólo los habituados a sus gritos saben que el señor vende elotes. Juana explica que siempre que la graban para entrevistarla, pasa el señor de los elotes. Ella aprovecha y se seca los mocos, las babas y las lágrimas paridas entre tanto dolor y esa criatura que hizo que se recuperara de ese viaje de ida que parecía no tener regreso, de eso de estar "loca".

Agarra un bolígrafo. Le quita y le pone el tapón. Lo soba. Le da vueltas y vueltas. En una servilleta que tenía para secarse las lágrimas escribe "Iñaky", con letra grande y fea, grotesca. Abajo, con letras todavía más gruesas, pone "Te amo". La servilleta tiene un mapa negro. Un mapa de amor.

—¿Iñaky está yendo a la escuela?

—Supuestamente sí, pero nadie ha hecho nada por revisar eso. Que vaya la trabajadora social, la psicóloga, a la casa a ver cómo vive el niño. No saben si va o no.

"Él dice que va al kínder pero no sabemos. Es un niño que lo que escucha, lo cuenta. Nos dijo cuando su papá se cambió de trabajo: ya no trabaja en la leche Lala, ahora está en Coppel, después dijo: "Abuelita mi papi ya no trabaja en Coppel, ahora trabaja en las 201", que es una ruta de transporte urbano de pasajeros, y ahora dice que su papá tiene una novia, y que vive con ella, y que ella tiene cuatro niños."

El niño dice que él vive con su abuela, con ella duerme porque su papá ya no va a verlo. "O sea, que no lo tiene él ni me deja tenerlo. O sea, no sé quién lo cuida."

"Aldito se fija en todo, igual que su primo. Ese domingo estaban en la cocina, Juana estaba preparando un caldo de res con verdura. Iñaky estaba sentado y dijo: '¿De quién son esos Corn Flakes y esos chocolates?', le dijimos que habíamos ido al mandado y que eran de Aldito. Y fue Aldito quien le preguntó si él también tenía de esos en su casa, con su abuelita Pancha. Iñaky respondió que no." Y no sólo no tenía. Tampoco los conocía. Como no conocía las verduras de ese caldo que su abuela preparaba.

"Esta semana vamos a comprarle para que se lleve de esos Corn Flakes a su casa. Iñaky no quería ni siquiera la verdurita del caldo, me preguntó: '¿Qué es eso de *verdura*?' Y le respondí que era comida, que le ayudaría a crecer sano y fuerte, y Aldito dijo: 'Yo me la como, ¿verdad?', y hace su carita de alegría y le estoy dando y dando con una cuchara. Él dice que nada más le dan de comer sándwiches en su otra casa."

Perro

Para Juana Solís –esa morena, bajita, que parece portar una rabia y una ternura que se confunden una con otra si se trata de hablar de su hija y la lucha que ella ha emprendido por justicia–, al gobierno no le importan los desaparecidos. Señaló que se molestaban los de la agencia del Ministerio Público especializada en homicidios cuando iba a preguntar por el caso de su hija Brenda Damaris.

"Al gobierno no le importa que uno sufra por los hijos que mueren o son desaparecidos. Yo les dije y lo digo ahora: no fue un perro el que se perdió, es mi hija la que fue levantada y asesinada. Es la total indiferencia."

Ella cree que a su hija pretendieron obligarla a trabajar de prostituta o cocinándoles, pero al paso del tiempo no pudieron someterla y decidieron deshacerse de ella. Porque Damaris, asegura, no se dejaba. Así como era luchona, ambiciosa por superarse o por mejorar personal y económicamente, tampoco era fácil de convencer si no quería hacer determinada tarea.

Tenía esclavas, anillo y buena ropa, y así vestía a Iñaky, con prendas de marca, porque estaba orgullosa de sus logros y del resultado de su trabajo. Porque se empeñaba en mejorar y mejorar. Quería hacer más comida, meter más empleados y entregar platillos en otras obras a las que no atendían, y que el negocio creciera. Estaba segura de lograrlo.

Tenía además mucha fuerza en las manos, muñeca y dedos. Cuando trabajó en General Electric entrenaba a otros empleados para que no se lastimaran cuando encintaban los motores. Cuenta Juana que si a su hija quisieron obligarla a hacer algo que no quería, se les rebeló.

"No se dejaba. Viera cómo tenía fuerza en sus manos. Ella no se dejó… peleó y peleó, estoy segura. Un doctor de la procuraduría me vio y me preguntó: '¿Qué tienes?', porque yo estaba sonriendo. Le dije: 'Tenga por seguro que los que la mataron no se fueron sin un rasguño, sin golpes. Téngalo por seguro. Porque mi hija no se dejó. Mi hija peleó'."

Eso pone feliz a Juana, irónicamente. Pero la pone triste esa zanja que deberá saltar y no sabe con qué se va a topar. Y lo más importante, desconoce cómo dará ese brinco: para explicarle a su nieto, Iñaky, que su madre está muerta, y llevarlo al panteón, a su tumba. Y decirle mira, aquí está. Ya no la esperes. Ya no va a regresar.

Donde pite el tren

Morder la tierra, apartar con dentelladas malezas, regar el monte con sudor y lágrimas y buscar entre piedras la esperanza. Andar senderos. Inaugurar zapatillas, zapatos, tenis y pies desnudos en caminos no andados. Atisbar espejismos, alimentarlos a pesar de la desesperanza, donde sólo hay selva baja, montañas pelonas y asomos desérticos. Buscar, buscar, buscar: como Mirna, que ya no busca vivo a su hijo, sino su osamenta.

Mirna Nereyda Medina Quiñónez es maestra y una de las líderes del grupo de unas 30 personas. Las llaman rastreadoras y en su mayoría son mujeres que buscan a sus hijos, hermanos, padres y esposos desaparecidos. Suman cerca de 40 durante 2012 y 2014, en el municipio El Fuerte.

Roberto Corrales Medina, de apenas 21 años, es su hijo. Era, dice ella. No cree que esté vivo. Son seis meses después de su desaparición, aquel 14 de julio de 2014. Mucho tiempo para que sus captores lo conserven vivo. Y a pesar de que no se llevaban bien, pronuncia un sórdido y funesto y claro y contundente "te amo", cuando pasa por la manta grande que cuelga del puente peatonal de Mochicahui, con el rostro de su hijo.

"Soy Roberto Corrales Medina. Me secuestraron en El Fuerte. Ayúdame a regresar a casa. Si sabes algo avísale a mi madre, está desesperada 6981-127691", reza en la parte superior de la lona. Y abajo, el mensaje de Mirna: "Hijo, mientras no te entierre te seguiré buscando." Junto a la manta, hay tres más con fotos, mensajes y datos de jóvenes desaparecidos, en las que se pide ayuda a la ciudadanía.

"Yo busco la osamenta. Mi hijo está muerto. Lo sé. Lo quiero de regreso, como sea. No importa que sean los huesitos. Esa es la razón de mi vida. Mi razón de estar viva. No tengo nada más", manifestó Mirna.

Hace apenas unos meses, en la primera mitad de 2014, todavía se jactaba de que eso de personas desaparecidas era un asunto ajeno, distante, que ni siquiera rozaba su vida de tranquilidad y certidumbre, a pesar de los vaivenes económicos. Veía y veía en los periódicos y escuchaba los noticieros de radio sobre los plantones, las marchas, las protestas de los familiares de los desaparecidos en Sinaloa y en el país. Ahí estaban las exigencias de justicia, de que fueran devueltos con vida, y las denuncias de complicidad del Ejército Mexicano, la Secretaría de Marina y las corporaciones policiacas estatales en cada uno de estos casos. El narcotráfico manda, los capos dan las órdenes. Y los de uniforme, de cualquier nivel de gobierno, las acatan. Limpian el camino de enemigos, aunque éstos no siempre sean delincuentes de organizaciones contrarias o personas que estorban en la operación de sus negocios.

Pueden ser asuntos pasionales, una deuda de cualquier tipo, una denuncia pública en los medios de comunicación, un asunto estrictamente empresarial y lícito, una calificación reprobatoria en cualquier institución educativa. Pero también un malentendido, un saludo, el mirar a una mujer, un conflicto vial –choques, cerrones intempestivos, el uso del claxon o de las luces altas–, o un problema vecinal.

"Bendito Dios que tengo a mis hijos. Mis dos hijos. Jóvenes, varones, bien sanos. A mí esto de las desapariciones, de los levantados y ejecutados no me va a pasar", fueron las palabras de ella, en aquel funeral durante el mes de mayo, en su tierra, Mochicahui. Habían levantado y asesinado a un joven, hijo de una persona que ella conocía. Y ahí estaba entonces. Y aquí está ahora, entre el monte y las montañas, hurgando en el horizonte las esperanzas y esculcando bajo las nubes para encontrar rastros de su hijo Roberto.

Chácharas y cobro de piso

Quinientos pesos. Eso era lo que le cobraban por semana los de la Procuraduría General de la República (PGR) por dejarlo vender discos piratas en Mochicahui, de donde son originarios Roberto y su mamá. Ella tiene una pequeña, casi minúscula, tienda de accesorios automotrices. De vez en cuando, él se metía a la casetita de lámina de acero y se encargaba del puesto, ubicado junto a una gasolinería. Afuera, varios metros alrededor, se dejaban ver estacionados vehículos usados de diversos modelos y precios, con el signo de pesos en los cristales.

Pero él también vendía memorias USB, además de los cedés piratas, y cambiaba teléfonos celulares por las memorias. Hizo muchas veces esta transacción con los aparatos de telefonía móvil, sobre todo con un "tirador" de droga identificado sólo como Pancho, quien desapareció luego de que Roberto fue sustraído por un grupo de hombres que viajaban en una camioneta Explorer color negro.

"Ahí vienen… estos sí son mis amigos", expresó, de acuerdo con versiones de testigos, y desde entonces no se le volvió a ver. Por eso su madre sostiene que esos que se lo llevaron eran conocidos y él, confiado, se subió a la camioneta.

Ante esto, Mirna pidió a la Procuraduría General de Justicia del Estado (PGJE) que solicitara los videos grabados a través de las cámaras de la gasolinería que está a un lado del lugar donde lo levantaron, en la cabecera municipal de El Fuerte, justo en la entrada principal a esta ciudad. Sólo así podían identificar a los que se lo llevaron, el tipo de vehículo que usaron y avanzar en las investigaciones.

Los fiscales que tienen el caso lo hicieron el 31 de julio de ese año, 17 días después de que fue visto el joven por última vez, pero los dueños de la gasolinería informaron que no tenían el material porque el día 12 el sistema de videovigilancia se había quemado y apenas el 30 de julio estaban pidiendo una cotización para instalarlo de nuevo. Señalaron además el nombre de la empresa y persona que se los iba a instalar. Pero el material de video en el que se grabó el momento en que el joven se sube al vehículo no apareció. Y eso que los especialistas informaron que aunque el video se borre, queda grabado en un disco duro instalado en una computadora de la gasolinería.

Pero indagatorias realizadas por Mirna Nereyda indican que la cotización del equipo de video para la gasolinería nunca se realizó y que la persona que dijeron que iba a realizar el trabajo tampoco estaba enterada. Entonces pidió de nuevo la intervención de la fiscalía estatal porque los propietarios de la gasolinería habían mentido. Nada pasó.

Otra línea de investigación son las llamadas telefónicas realizadas y recibidas en su teléfono celular, el 6681 675273. Sobre todo esas que hizo y recibió días previos a su desaparición. Lenta la burocracia, insensibles los servidores públicos encargados de realizar estas pesquisas, y corruptos y cómplices muchos de sus investigadores y agentes de la Policía Ministerial. En medio de esa maraña ella iba y venía, aportaba pruebas logradas por su cuenta, exigía, recordaba, se peleaba, manoteaba y también terminaba desesperada y a punto de sucumbir. Pero no cejó.

El mismo día que hizo la denuncia, pidió al personal de la agencia del Ministerio Público, de la Subprocuraduría General de Justicia zona norte, que revisaran esas llamadas del aparato marca Blackberry de su hijo. Así lo hicieron. Pero en lugar de hacer la revisión de llamadas de los días previos, en la solicitud sólo incluyeron los días posteriores a su desaparición.

"Entonces, ¿de qué se trata todo esto? Y así hemos andado. Ya han pasado cuatro, cinco, seis meses y esto sigue igual. Son unos hijos de su puta madre." Y Mirna se puso a llorar como loca, de coraje, de impotencia.

Argumenta que ahí está la clave, en esas llamadas. Él usaba mucho el teléfono celular y hablaba en demasía con ese tal Pancho. El último mensaje que dejó en el aparato móvil de uno de sus familiares fue si habían ido a cobrarle quienes iban cada semana por dejarlo vender discos piratas. Y su voz se apagó. En el buzón de voz hay silencio. No hay más voz.

Cuando "desaparecido" es un lugar

Roberto, con sus apenas 22 años, tiene tres niñas: una de cuatro años, la mayor, otra de dos, y una más de apenas mes y medio, que estaba en la panza de su madre cuando él fue desaparecido. Previamente había vivido con otra joven, y otra más antes de haber embarazado a esta última, con quien se casó.

Además, la joven con la que vivía tenía un hijo que no era de Roberto pero que él aceptó como propio. Esa muchacha había enviudado cuatro años atrás. A su esposo lo encontraron muerto a balazos, luego de haber salido de su casa rumbo al trabajo. Pero antes su pareja fue interceptada por encapuchados y lo localizaron con el rostro desfigurado. Ahora suma una viudez más, la de un desaparecido. Tres ausencias en total, en esa corta vida.

Tan corta como las vidas de esas nietas. Una por cada matrimonio. Xiara Jael Corrales Andalón tiene cuatro años, Izamar Corrales Carrasco tiene apenas dos, y Dana Roberta Corrales Rodríguez, es el tesoro más reciente y apenas nació hace un par de meses, en noviembre de 2014.

"Xiara es una niña muy hermosa que siempre está orando para que su papá regrese. Está muy delgada desde que no lo ve. Le hizo un altar a su papá. Su madre se volvió a casar y vive con otro señor, pero para Xiara su papá siempre va a ser su papá", cuenta Mirna.

En ocasiones, la niña pregunta a Mirna. La niña lo espera, cuestiona, quiere a su papá.

"A veces se me acerca y me pregunta: 'Abuela, ¿cuándo va a venir mi papá de desaparecido?' Como si *desaparecido* fuera un lugar. Y me dice: 'Dile que ya se venga.' Yo lo único que le puedo decir es que ya, que ya va a venir."

Señaló que cuando le decía que iba a buscar a su papá, la niña preguntaba si ya lo había encontrado: "Le dije que se había ido a un lugar, como un bosque, como en los cuentos de hadas, y que su papá se perdió en el bosque. Por eso voy a buscarlo, para que encuentre el camino de regreso. Ella quiere ir conmigo a buscarlo, pegarse con las rastreadoras, pero jamás la voy a llevar."

En las fotos, Xiara siempre aparece con su padre abrazándolo y besándolo. O él a ella. Varias de esas gráficas están en el altar que esa pequeña montó en su casa. No sabe, no le han dicho, que el altar es para los muertos.

Mirna cuenta que todas las viudas la apoyan. Por ejemplo Dulce Irasema Andalón Villalobos, de 24 años, se la pasa publicando en *feis* que regrese el padre de su hija.

"Pone cosas muy bonitas, publica y llama por teléfono y dice que desea que mi hijo regrese, de todo corazón. Sabe que mi hijo no se merece nada malo porque mi hijo es una persona buena. La niña que tiene dos años, Izamar, sólo llama por teléfono y pregunta por su papá. Igual María Carrasco, también publica mucho y lo comparte, y dice que desea que regrese mi hijo. Seguido pone: 'Mi tesoro, te extraño mi amor.' Por eso sé que también les duele, que están conmigo en esto."

Las rastreadoras

Reportes del diario nacional *La Jornada* y del semanario *Ríodoce* indican que son grupos de personas. Albañiles, campesinos, amas de casa, comerciantes, maestros. Los une el hecho de ser familiares de personas desaparecidas en los municipios de Ahome, El Fuerte, Guasave y Choix. Todos ellos están ubicados en el norte de Sinaloa, donde las pugnas entre los cárteles de Sinaloa y una célula de los Beltrán Leyva, liderada por Fausto Isidro Meza, a quien llaman El Chapito, se traducen en matanzas, emboscadas, asesinatos y desapariciones.

Esta organización criminal enemiga de Joaquín Guzmán Loera, El Chapo, e Ismael Zambada García, El Mayo, jefes del Cártel de Sinaloa, tiene gran influencia en los municipios de Guasave, Ahome, Choix y El Fuerte. Las corporaciones policiacas, todas, han operado para ellos. Ahora, a través del gobierno estatal y con el apoyo del Ejército Mexicano y la Secretaría de Marina, pretenden desterrarlos y recuperar el control para el cártel oficial: el de El Chapo y El Mayo.

Pero los muertos los ponen los de abajo: la gente, los estudiantes, los campesinos y obreros, y los policías que se rebelan o traicionan o no se alinean. Ni el jefe de la Policía Ministerial del Estado ni el comandante de la Novena Zona Militar han sido heridos en estas refriegas. El blindaje no alcanza para todos. Es sólo para unos pocos y siempre poderosos.

Los rastreadores forman brigadas y no necesariamente trabajan coordinadas con otras de municipios diferentes. Por su cuenta, preguntando aquí y allá, han dado con fosas clandestinas y una vez que lo confirman avisan a las autoridades que, como no investigan, no localizan estos cadáveres.

Reza la nota publicada en *La Jornada*, en abril de 2014:

> Sabuesos. Eso son los que sin el apoyo de las policías municipal y Ministerial del Estado, y mucho menos de la Procuraduría General de Justicia (PGJE) de Sinaloa, encontraron en fosas diferentes, muy cerca una de otra, cinco cadáveres de personas ejecutadas en las cercanías del río Fuerte, en la comunidad de San José de Ahome, municipio de Ahome, a unos 200 kilómetros al norte de Culiacán, la capital, los primeros días de abril.
>
> Fueron cadáveres de cuatro hombres y dos mujeres, y de acuerdo con versiones extraoficiales sobre las primeras pruebas periciales, dos de los hombres murieron ahorcados y uno más fue torturado salvajemente; otro tiene varias lesiones de bala.

Al menos hay dos grupos visibles de estos sabuesos. Están en Guasave y El Fuerte. Siguen las huellas de los ríos y arroyos, las llamadas anónimas que los alertan de cadáveres que nadie ve ni quiere encontrar, sólo ellos, sus dedos.

"Son cientos, quizá miles, las personas desaparecidas de 2012 a la fecha, a manos de las corporaciones policiacas, pero sobre todo de Jesús Carrazco Ruiz, ex secretario de Seguridad Pública en Ahome y actualmente subdirector de la Policía Ministerial del Estado. Son ellos, los familiares lo dicen, porque con ellos han sido vistos antes de ser desaparecidos, con el pretexto de que son investigados", manifestó uno de los rastreadores.

No hay nombres. Ellos prefieren el anonimato, porque de lo contrario "nos matan, oiga".

Fueron cuatro tumbas clandestinas las encontradas por el grupo de rastreadores durante la primera mitad de ese año. Preguntaron y dejaron de hacerlo cuando al fin les confirmaron que en esta zona cercana a San José de Ahome había varios cadáveres enterrados por supuestos policías, luego de meses de realizar investigaciones.

El grupo de civiles escarbó por su cuenta y desenterró varios cadáveres. Dejaron de hacerlo cuando se dieron cuenta de que eran más de tres las víctimas, en esas cinco fosas clandestinas.

En abril de 2011, fueron desenterrados trece cadáveres de fosas clandestinas en Bachomobampo. En San José de Ahome, en noviembre de 2013, fueron encontrados tres cadáveres. En abril de ese año localizaron otros tres en la comunidad Benito Juárez.

Datos de la Procuraduría General de Justicia del Estado indican que las fosas clandestinas están en estas regiones, pero también en la comunidad Rosendo G. Castro, Tosalibampo y Concheros, municipio de Ahome.

En este caso, fueron cinco cadáveres en avanzado estado de descomposición, en cuatro fosas. Desconfiados, pero sin más opciones, avisaron a la policía y al Ministerio Público para que sacara los cadáveres e hicieran el trabajo pericial; nada se sabe hasta ahora sobre la identidad de las víctimas, pues los resultados de las pruebas de ADN no han llegado, aunque a la autoridad no parece importarle.

Los familiares lo dicen: antes de ser desaparecido, Saúl Enrique Higuera Cota les advirtió que si algo le pasaba "fue Carrasco. Ese cabrón me extorsiona con 50 mil pesos".

Una noche, el jefe policiaco y sus agentes fueron a la casa de Higuera, en San José de Ahome. Le gritaron desde afuera y Saúl salió del inmueble. Estuvieron hablando y cuando parecía que iban a despedirse, la familia salió a ver qué pasaba. Fue entonces cuando escucharon que Carrasco les gritó: "Ahorita se los traigo", de acuerdo con una denuncia publicada en el semanario *Ríodoce* y escrita por el reportero Luis Fernando Nájera.

Y ese "ahorita" no ha llegado. Muchos meses han pasado y la familia sigue sin saber nada de Saúl. Ahora ellos y otros integran este grupo de sabuesos: una suerte de justicieros y gambusinos en busca de la paz que les traerá encontrar a sus seres queridos que permanecen desaparecidos.

Martín López Félix, es uno de los pocos abogados críticos de las políticas anticrimen que se aplican en Sinaloa. Dijo que en la zona norte y en especial en Ahome hay un vacío de autoridad, en donde los cuerpos de policía considerados como especiales y los criminales actúan con total impunidad.

"Los hallazgos de dos, tres, cuatro, cinco o catorce cuerpos en fosa masiva clandestina jamás son investigados, y todo se queda en el horror social", manifestó.

Dijo que tanto la procuraduría local como las corporaciones municipales son ineptas y corruptas, y lamentó que tanto los narcotraficantes como los policías a su servicio gocen de impunidad.

"Entonces, ¿para qué sirve una autoridad que no aclara nada?", preguntó.

Mirna y un grupo de ocho mujeres recorren el monte. Un día antes, el 24 de enero, habían encontrado un cadáver. Andaban rastreando porque les avisaron de otro. Era un camino gris, bajo un nublado que anunciaba equipatas (lluvias ligeras). La yerba seca. Seis mujeres se quedaron atrás y Mirna y una hija de un desaparecido, una menor, junto a ella. A lo lejos, como a un kilómetro, vieron sorpresivamente la silueta de un hombre. Y luego otro y otro y otro más. Ella pensó que les iba a ir mal: "Los vi y dije: 'Aquí nos llevó la chingada.'"

Se le ocurrió acercarse. Intentó no reflejar temor ni malicia. De lejos los saludó. Los llamó plebes, que en el habla sinaloense es una forma de referirse a las personas pero con cierta familiaridad. El hombre que parecía el jefe se adelantó. Los otros lo siguieron, pero a prudente distancia. Parecían custodiarlo. No vieron armas. Ella le dijo que andaban buscando una planta medicinal. El hombre le respondió por aquí hay una de esas matas. La condujo. La menor no se separó de ella. Ésta es, dijo el desconocido, apuntando un matorral.

Ella le dio las gracias. El hombre le dijo, a secas y de golpe, que ya iba a oscurecer, que mejor se fueran. Para entonces ya estaban otra vez las ocho rastreadoras juntas. Hay mucho coyote, no las vayan a atacar. Miriam le contestó que ya se iban. Pero ya, atajó él. Es por su bien.

¿Estoy detenida?

Mirna se ha vuelto investigadora, policía, sabueso, detective. Sólo le falta meterse en el mundo "cochino" como llama ella a la delincuencia, "pero eso ya no". En julio encontraron cinco cadáveres en una fosa, dos más en agosto y otros cinco en noviembre, en la comunidad La Choya. Todos ellos en el municipio de El Fuerte.

Entre las fuentes extraoficiales consultadas –porque pocos hablan del fenómeno de las desapariciones y los que acceden es a cambio de mantener el anonimato–, advierten que algunas de las investigaciones conducen a Santos Mejía Galaviz, ex comandante de la Policía Municipal de El Fuerte, dado de baja por reprobar el examen de control y confianza, como responsable de estas desapariciones y asesinatos.

–¿Usted por qué se hizo rastreadora –se le pregunta a una de las mujeres que participa en estas búsquedas.

–Porque una vez le pregunté a un comandante que sólo conocí como Antonio, de la ministerial, dónde ha buscado a mi hijo para no ir a buscar yo ni entorpecer las investigaciones. Me acuerdo que el hombre se me quedó viendo. No me había puesto mucha atención hasta que le hice esa pregunta. Entonces levantó el rostro y me miró. Recuerdo que me dijo: "¿Yo? Yo no lo busco, son los campesinos, los vaqueros, los que encuentran cadáveres." Por su culpa, por eso me hice rastreadora.

Con otras mujeres fue llevada a las oficinas de la procuraduría en Los Mochis, luego de que encontraron una fosa con cadáveres, en noviembre. ¿Estoy detenida?

Preguntó insistente a los uniformados. Les quitaron los teléfonos celulares y los tuvieron ahí, de las siete de la tarde a la una de la mañana.

–¿Estoy detenida? –volvió a preguntar.

No, contestaron.

–¿Entonces me puedo ir?

Otra vez, no contestaron.

–Entonces sí estoy detenida.

Los investigadores de la ministerial querían saber quién les había avisado de esa nueva fosa que encontraron. Pero no pudieron siquiera prender los teléfonos celulares que les habían quitado y que luego les regresaron, antes de liberarlas.

Mirna muestra una foto. Es una imagen difusa. Ella se ve pero no se le notan sus facciones. Se ve borrosa, como desprendida del papel, de la imagen, de ese entorno entre amarillo, sepia, gris. Es lo que queda de mí, dice.

Quiero ser abogada

–¿Y tu papá?

–No tengo.

–¿Por qué?

–Está desaparecido.

Es Doreli y tiene once años. Su padre verdadero huyó del hogar cuando era apenas una bebé, pero desde niña fue criada por ese agente de la Policía Municipal de El Fuerte que está desaparecido. Su madre, Lourdes, es hermana de la esposa del uniformado.

Doreli es morena, de bonitas facciones y mirada vivaz. Tiene promedio de ocho de calificación y va en el sexto grado, en la escuela María R. Pacheco, de San Blas, donde vive. Se agacha. Lleva sus manos al rostro. Se talla los ojos. Como que se encoje. Empieza a llorar.

En ese momento pasa el tren. Se escucha silbar. La máquina ruge y es un rugir que abraza el viento y lo lleva a todos los rincones de las casas de adobe y las calles angostas de esa comunidad de El Fuerte. Todo está cerca, hasta el tren y la vía. Pero Doreli no lo quiere ver. Ahora está abatida. Es un montoncito de carne y huesos y lluvia, acurrucado en esa silla de plástico.

Rosario Peñuelas Yocupicio es el policía levantado por un comando. Su esposa, María del Rosario López Flores, hace piñatas para aliviar la economía familiar. Cuelgan de una especie de tendedero con formas de estrellas de cinco y seis picos, también hay de personajes de caricaturas y una muy grande, la más grande, en forma de bote de cerveza Tecate Light.

Fue un 8 de enero, de 2013. El agente salió de su casa, eran poco antes de las siete de la mañana. Ya llevaba el paquete y dentro el itacate con su desayuno.

Esperaba el camión y testigos declararon que había varios hombres en dos camionetas y que tenían mucho estacionados ahí, cerca de donde Rosario esperaba el camión que lo llevaría a su trabajo. Lo llamaron y él escuchó pero quiso ignorarlos. Sospechó. Abrieron las puertas y se dirigieron hacia él, entonces corrió. Le dispararon, lo hirieron en una pierna cuando quiso brincar un cancel y entrar a la casa de un vecino. Lo metieron a una de las camionetas y se lo llevaron. Pidió ayuda. Gritó que lo dejaran. En el lugar, la madre, que acudió momentos después de enterarse de que lo habían privado ilegalmente de la libertad, encontró el charco de sangre en la entrada de esa casa en la que su esposo quiso refugiarse.

—¿Qué hay de las investigaciones?

—Nada. No ha habido nada.

Señaló que el director de la Policía Ministerial, Jesús Antonio Aguilar Íñiguez, quien ha sido acusado de formar parte del crimen organizado y operar para el Cártel de Sinaloa, le informó que las indagatorias iban muy avanzadas, pero no le dio detalles: "No espero que haya avances, no les creo. Y la verdad, de la autoridad no espero nada. Espero más de la justicia divina que de ellos."

—¿Dios existe?

—Claro.

—¿Por qué estás tan segura?

—Por el hecho de despertar, de ver la nueva luz del día y que hay muchas grandezas en la vida. Y si no existieran, nosotros tampoco. Por eso sé que existe Dios. Él cobrará caras las facturas a los que se llevaron a mi esposo. Pagarán peor. Eso pienso.

Tienen tres hijas, Yoely Darlene, de dieciséis años, Yameli de diez y Thaily María, de seis. Como su esposo está desaparecido, la corporación le da a ella el dinero de la quincena. Inicialmente le pagaban 4 220 pesos y ahora el cheque se redujo a 3 400 pesos. "Están robándome", dice.

Sobreviven con la venta de piñatas, que en las fiestas de Navidad y Año Nuevo le dieron cerca de 3 000 pesos, pero que en tiempos normales le permiten captar unos 400 pesos… si bien le va, a la semana. De ahí debe pagar la escuela de las hijas, el agua, el gas y la energía eléctrica, además de la comida. "No alcanza, oiga."

Yoely dice que se agüita mucho con lo que le pasó a su padre. Era un hombre al que poco veía pero simpático, que la abrazaba cuando iba por ella a la escuela, divertido. Su madre tercia en la conversación y asegura que su esposo era muy trabajador: llegaba de la policía y se quitaba el uniforme para ir a tocar el bajo en un conjunto musical, en un bar de la localidad, y los otros días podía incorporarse con un conocido en la limpia de un predio y recolección de escombro. Además, cuentan sus hijas, trabajaba en la parte trasera de la casa, arreglando televisores y licuadoras.

Yoely está triste. Se le empaña la mirada cuando cuenta que en la escuela se burlaban porque era hija de un desaparecido. Como si no bastara la desgracia de quedarse sin papá. Denunció ante maestros y autoridades del plantel. Nadie puso fin a la doble humillación. Una vez golpeó a un joven porque la estaba molestando. Se cansó de la indolencia de los maestros y del director, e hizo justicia por mano propia: le dio varios golpes en la cara y la suspendieron. No se arrepiente. Lo volvería a hacer, dice sin pensarlo. "Vale madre si no."

Faltó a algunas clases en la preparatoria de la Universidad Autónoma de Sinaloa, donde cursaba el segundo grado. Andaba en lo de su papá, buscándolo. Iban a mítines, pero también a reuniones en la Procuraduría General de Justicia del Estado y sometiéndose a las pruebas de ADN por si daban con cadáveres, para determinar si alguno de ellos era su padre. Dice que hasta la querían obligar a que pagara un vidrio de una ventana del plantel. Pero ella no lo quebró. Ahora dejó de ir, pero quiere recuperarse y estudiar mecánica y electrónica, y trabajar en eso, pero después de terminar la preparatoria. Aunque también le gusta la música y quiere ser *diyei*.

"Me quería meter a la Marina, pero siempre no. Quería estudiar para hacer peritajes en los lugares del crimen, criminología creo que se llama, pero ya no puedo", lo dice con una seguridad que taladra, que perfora, que deja herido a cualquiera. Tiene faros de puerto bajo su frente.

Ella y sus hermanas, y su madre, y la hermana de ésta, viven en una casa que antes era usada por drogadictos. Es una casona vieja, grande, de paredes anchas y altas. Ahora no tienen energía eléctrica porque no hubo tiempo para ir a pagarla. Esa es la explicación que Rosario da. Tienen ahí diecinueve años. El síndico, la máxima autoridad en esa comunidad, les pidió que ocuparan ese inmueble para que no hubiera vagos en el sector y así lo hicieron. Un juicio legal, ausencia de testamento, adeudos, papeles, dificultan que los dueños la recuperen y facilita que ellos sigan ahí, en esa guarida que parece más un hogar que una casa sin luz.

"En ocasiones nos gana el bajón. Lo extrañamos… vivimos de sus recuerdos. Era, es, un hombre muy responsable, no tenía problemas con nadie ni andaba temeroso o nervioso cuando pasó lo de su levantón. Ahora, la verdad, le doy gracias a Dios por no haber escuchado las ráfagas cuando le dispararon. Estaba la música de la casa a todo lo que da, para que se despertaran las niñas para ir a la escuela. Porque si hubiera oído los balazos me arranco para allá. Salgo corriendo a ayudarlo. Y también a mí me hubieran llevado… o matado. Sólo Dios sabe."

–¿Lo amenazarían?

—No sé. Todo me lo imagino.

Doreli está cerca. Dejó atrás su posición fetal y ahora escucha atenta la entrevista. Parece pedir la palabra.

—Entonces Doreli, ¿qué quieres ser cuando crezcas?

—Abogada.

—¿Por qué?

—Porque quiero sacar adelante a mi mami.

Regresar el tiempo

Juana Pacheco Laurean tiene 49 años y dos hijas. Judith Guadalupe y Yuridia Antonia Castro Pacheco, de diecisiete y doce años. Su esposo, José Antonio Castro Vázquez, es agente de la Policía Municipal de El Fuerte y fue desaparecido el 4 de agosto de 2014. Salió de su casa, en Tetamboca, rumbo a San Blas, a comprar Diesel para operar la maquinaria con la que trabajaba preparando un terreno para cultivar.

"No regresó." Así dice Juana, bajita, blanca, con arrugas que no merecen su lindo rostro ni corresponden a su edad. Parecen ahondarse cuando habla de su hombre y de la falta que le hace. Esa silla es como una arena movediza y conforme habla se hunde en esa tragedia. Ha emprendido una lucha como rastreadora y ahora no se raja, aunque sí su piel: pareciera que uno puede asomarse a esos rastros que deja la desolación y un mañana extraviado entre tanta injusticia, alojados en esas arrugas en su piel.

"No regresó", repite.

Había sido comandante de la corporación, pero fue incapacitado debido a una lesión en el nervio ciático. Lo paralizó durante cerca de cinco meses desde el pie derecho hasta la espalda. Así trabajó unos días, hasta que le permitieron que se ausentara, previo dictamen médico. Y lo bajaron también de rango.

"Duró un mes sin caminar, después lo hizo con muletas y así se iba a la parcela, a la leña, con todos sus dolores. Yo siempre le pedía que si se iba por acá o por allá, que nomás me avisara. Tenía otra mujer y un hijo con ella. Nomás avísame, para no estar esperándote. Y así lo hacía. Me avisaba siempre y yo le echaba la bendición. Pero esa vez no llegó, le llamé al cel y me mandó a buzón. Al día siguiente lo esperé a las cinco de la mañana para ir a la parcela y nada. Se llegaron las diez y nada", recordó.

Su hija más chica despertó. Preguntó si su papá ya se había ido a la parcela. Su madre la vio y se aguantó las ganas de llorar. No hija, no ha llegado. Ambas agacharon la cabeza. A Juana le entró la desesperación y fue a casa de la familia de él, de sus hermanos. No le supieron decir. Se armó de valor y fue a buscar a la otra mujer, a preguntarle si estaba con ella. Tampoco supo decirle nada. Arruga sobre arruga.

Y entonces recordó aquella vez que iban pasando por la comunidad de Bellavista, en ese municipio de El Fuerte, azotada por la violencia y ahora fantasmal: la yerba crecida, las paredes vacías y las calles baldías. Grupos armados llegaron y arrasaron. El pueblo entero parece un alma en pena. Mientras pasaban, ambos –ella y su marido– se ensombrecieron, impactados por el tétrico escenario de abandono. Su esposo, que la tomaba de la mano, le dijo que jamás iban a pasar por eso.

"'Yo chueco o como ande, siempre voy a trabajar bien. Ni tú ni mis hijos van a sufrir por esto', así me dijo.

La verdad me dio gusto que me lo dijera pero aquello que veíamos era más fuerte que todo. Y mire, ahora cómo andamos. Lo que son las cosas. Él desaparecido y ese pueblo fantasma sigue tal como estaba cuando pasamos."

–¿Usted cree que está vivo?

–Tengo fe. Deseo que así sea. Pero ya quisiera encontrarlo, vivo o muerto, para descansar. Es un dolor muy grande, oiga. Mis hijos preguntan por él. Yo digo: "¿Qué pasará, cómo estará?" No los maldigo, oiga. La verdad. No deseo que esos que se lo llevaron, sufran. Pero tampoco deseo que sufran lo que nosotros, nadie. Es un dolor grande, grande ¿Por qué no lo mataron y lo tiraron ahí para enterrarlo y darle cristiana sepultura? ¿Por qué?

Si pudiera

Judith no podía dejarle de hablar a su padre. Aunque estuviera encabronada, no se le daba. Su padre, ese comandante de la municipal, hombre de armas y mucho trabajo, siempre encontraba cómo hacerla reír. Le hacía caras, muecas, le sacaba la lengua. Y *pas*. Estallaban las risas. "Era muy chistoso", dice. Recuerda que siempre la abrazaba y que le repetía a su esposa: ya lo pensé bien, ya quedó resuelto, tú te vas con Yuridia y yo me quedo con Judith, nosotros nos vamos lejos, de viaje, al cabo que a ti no te gusta salir. Le repetía. Era uno de sus chistes.

"Todavía me da por preguntar por él. Si pudiera cambiaría todo para volver a ver a mi papá", manifestó. Ella quería estudiar para ser pediatra. Su padre quería que fuera enfermera. Luego le pareció buena idea la criminología… pero cuesta mucho, dice. Ahora piensa en gastronomía. Es más barata que otras carreras.

Está en segundo de preparatoria. No se le olvida que una de las principales coincidencias con su padre, que le sigue haciendo ruido sobre todo ahora que no está, es que él le anunció que la apoyaría en todo. La hizo sentir bien que él se lo dijera, igual que cuando fue a la escuela a hablar con el director, porque Judith estaba sufriendo abuso escolar. Ella se supo importante. Su padre había ido a la escuela porque la amaba y se preocupaba. Pero no está. No sabe quién puede ayudarle a hablar con las autoridades del plantel, quienes la acusan de fingir estar enferma y no le aceptan los documentos probatorios que lleva para justificar sus faltas.

Para ellos, si ella está deprimida porque su padre fue levantado por hombres armados no es importante. Si va a la procuraduría a hablar, tampoco. Si acude a buscar a su padre, con las rastreadoras, menos. Es igual si va a terapia o si a raíz de todo esto le salió una bola en el abdomen, que se une a la incipiente gastritis que ya padecía. No importa. Ellos dicen que debe ir a la escuela, gritar presente aunque permanezca ausente, ida, media viva porque la otra mitad se la llevó su padre. Se la llevaron ellos, cuando lo levantaron.

"Yo era de dieces. De nueves y dieces. Ahora he estado sacando ochos. Tengo que entregar trabajos para recuperarme y los compañeros no quieren prestarme sus apuntes para ponerme a estudiar. Uno de ellos me cobraba 500 pesos por permitirme fotocopiarlos. Yo le dije que no. Tal vez me vaya a extraordinarios en algunas materias, porque no la voy a hacer. Análisis histórico, matemáticas, español, esas se me están dificultando. Todo porque no estuve en clases, porque no podía. No puedo."

A Judith la operaron porque tenía una bola en el estómago. No podía comer y le dolía mucho. Apenas habían pasado 21 días de la desaparición de su padre y los nudos en su interior asomaban, molestaban, amenazaban con volverse una calamidad y muchas enfermedades. Sobresale una de ellas: depresión. Por eso, ella, su madre y su hermana van a terapia con una psicóloga.

Su madre vendió todas las vacas y piensa en rentar la parcela en la que tenían sembrado sorgo. Pero hay problemas con su cuñado, quien pretende quedarse con la propiedad. La emergencia económica asoma y ahí se queda, en el panorama inmediato de esas vidas mutiladas. La quincena de su esposo pasó de 5 000 a 3 200 pesos dizque por un impuesto al trabajo y un seguro de vida. Esa fue la quincena en enero, aunque en noviembre el salario fue de 3 800 pesos.

Los agentes de la Policía Ministerial la citaban a declarar a Tetamboca, de donde son ellos. Eran los policías asignados al caso. Lo hicieron dos veces. Cita y otra cita. A ninguna acudieron los uniformados. Algunos integrantes de la familia del agente desaparecido creen que esos mismos policías pudieran estar implicados en el levantón. Nada de lo que puedan estar seguros. Nada de lo que puedan dudar.

Judith no tiene miedo. Hay claridad en sus ojos. Sus palabras salen diáfanas. Flechas derechas, con destino cierto. Así son sus expresiones. Recuerda que su padre le decía que ella sería alguien en la vida si estudiaba, y que para conseguir algo hay que trabajar y muy duro. Alguna vez le contó que las pesadillas sólo reflejan los errores y temores, por eso hay que enfrentarlas y salir adelante.

Yuridia, su hermana menor, es peleonera. Más bien no se deja y de todos se defiende. Dice que su padre era "repugnante" y se le pregunta ¿era? Ella corrige. No, es. Es buena persona. Dice que su padre era grosero, pero hasta las malas palabras le quedaban. Que además se chupaba los dedos cuando comía. Todos. Y se lo festejaban y reclamaban en la misma proporción.

"Yo sólo quiero que entre por esa puerta. Por la misma puerta que se fue. Que llegue con sus gritos, su escándalo. Eso es lo que más quiero. Es lo que más extraño. Por eso quiero que vuelva. Que vuelva, nomás", manifestó.

Se siente fuerte para salir de todo esto, junto a su hermana y su madre. Y tiene una esperanza: encontrarlo… como sea, pero encontrarlo.

Y a Yuridia y a sus hermanas se les hizo. Un día de enero de 2015 les llegó el aviso anónimo. En las cercanías de San Blas, cerca del lugar donde esta familia fue entrevistada para que contara sus testimonios para este libro, había una osamenta. Ellas, las rastreadoras y sus hijas –todas ellas menores– fueron a buscarlo, pero no tuvieron suerte. Esas búsquedas son bajo las piedras, entre el ramerío y las raíces, entre un monte semiseco que sólo parece admitir huesos humanos. No tuvieron suerte. No ellas.

Tuvieron que avisar a la Policía Ministerial para que auxiliara en la búsqueda. Y rindió frutos: el 30 de enero los uniformados encontraron una osamenta. La camisa, los tenis, el pantalón y la cachucha fueron importantes. Hasta las canas todavía pegadas a la cachucha –que fue regalada por sus hijas– hablaron de él y de que esa muerte les tocaba, les pertenecía. Es él, dicen los investigadores. Es él, dicen ellas, las niñas, y también la esposa. Se fueron a la funeraria, esperando que les entregaran esos huesos y todo lo demás, pero no. Tienen que esperar, les dijeron en la Procuraduría General de Justicia del Estado (PGJE) para que quede legalmente reconocido, luego de las pruebas de ADN. Tardarán semanas, quizá meses. Pero nada qué ver con la honda desesperación de buscarlo y no encontrarlo: esperar que entre por esa puerta, por la que salió... esperarlo sin saber si volverá. Ahora lo saben. Y también ellas se mueren. Y también descansan, como él, en paz.

Pesadillas

Doreli está en las penumbras, en su casa de San Blas. Afuera hace frío y tuvieron una mañana de bruma. Parece que esa neblina anidó entre ceja y ceja pero no baja a sus comisuras, su saliva, esa lengua y los labios. Doreli no se calla, no se detiene. Parece que viene por la revancha y quiere decir más y más sobre su padre.

Tiene pesadillas, confiesa. Llora y llora y llora, mientras prepara sus palabras para contar esos malos sueños. Su padre está amarrado, sentado en una silla. Su padre, el verdadero, porque el otro, el que fecundó el óvulo no está ni estuvo ni le sonrió tanto como ese que fue herido de bala y levantado por hombres armados. Ése es su padre y ahí está, metido en sus sueños porque lo extraña y lo quiere ver y de añorarlo se le presenta, pero no de la mejor manera.

Lo ve atado. No dice nada. Sus captores lo tienen y lo golpean y golpean. Él no habla. Es el mismo que arreglaba abanicos, licuadoras y televisores. El que las invitaba a entregar los aparatos, una vez arreglados, cuando le pagaban. Y si eso sucedía, les daba a ella y a sus hermanas para sus golosinas. "Lo extraño mucho."

Pero él no está ahí, en esa sala besada por una mirada brumosa que todo oscurece. Ya se retira el sol de esa región norte de Sinaloa y él permanece arrinconado, en esa bodega sin medida: no quiere comer, le pegan muy fuerte pero no dice nada, iba herido de una pierna y sangra mucho. Le platica a su mamá su sueño y ella le responde que todo está bien, que no se espante.

"Quiero que aparezca. Como sea, pero que aparezca. Lo extrañamos mucho. Que vuelva para que se le pague bien la quincena a mi tía, porque lo que le dan no nos alcanza."

Muchas muertes trae Doreli en esa mirada de llovizna: su tía Adela murió en enero de 2014, poco después murió su nana María Elena; el 19 de enero de 2013 mataron a su tío Genaro y su tío Manuel sigue preso. Ahora son muy pocos en su familia, dice. Se siente mal porque luego de que murió su tía, no quieren sus tíos acoger a la abuela y pretenden que viva sola en su casa, la misma en que fue muerto a tiros Genaro. Dice que no tiene motivos para estar alegre. Y por todo se culpa: de noche, a solas, se golpea la cabeza con lo que tenga a la mano. Así quiere lavar sus culpas, las que no tiene, y que todo regrese a lo de antes. Que vuelva su papá.

"Quiero que regrese mi papá Rosario para que todos seamos felices." Y llora más. Pero ya no tiene lágrimas. La llovizna se las llevó.

Donde pite el tren

Mirna Nereyda no deja de buscar a su hijo. Le dicen que ahí, detrás de una parcela de maíz. Que bajo el puente, que del otro lado de aquel cerro. Que en el camino que lleva a tal pueblo o cerca del arroyo o pasando el río. Le dan señas de árboles, de plantas medicinales. Le llaman desconocidos y le dicen que está vivo y le piden dinero a cambio de informarle dónde lo tienen. Pero ella va a todas y a ninguna. No acepta que esté vivo porque no cree que un grupo delictivo se interese en tenerlo tanto tiempo con vida. Por eso insiste: yo no lo busco vivo, ando buscando su osamenta, sus huesitos. Aunque en eso se vaya ella o tenga que acudir a hombres armados que le digan por este lado o por el otro. Ampollada, quemada, con el rostro insomne de la vida amputada y el mañana cercenado, apuesta todo: van sus restos, lo que le queda, por él, por ese joven de 22 años que sigue siendo su hijo.

Camino a San Blas y luego, en otro viaje, rumbo a El Fuerte. Pasa en dos ocasiones bajo ese puente peatonal del que cuelga la manta con el rostro de su hijo, los datos de la desaparición y el teléfono de ella para que llamen. Pronuncia un sonoro, lapidario: "Te amo." Lo dice al aire, al recuerdo, a todo y a nada. En la comunidad La Esperanza está sembrada la muerte, como en casi todos los pueblos de la región. Ahí, aseguran los que saben, cerca de 90 por ciento de los jóvenes, hombres y mujeres, son matones.

Ahí, viudas, huérfanos y ejecutados son mayoría. La población flotante se traduce en salir del pueblo para ir a otro a matar a alguien. Huele a pólvora, pero también a panteón, a cempasúchil sin 2 de noviembre. A ráfaga rasgando el viento y perforando la bruma de enero y esa lluvia fina, casi intocable, *mojatontos*, del 22 de enero.

Se pregunta si su hijo estaría metido en el narco. Se contesta que no, que se hubiera dado cuenta. Y luego repite que tal vez y que no se percató. Y después asegura que no se vale, que para eso se supone está el gobierno y que debe castigarse. Nadie merece morir bajo este cielo sin Dios y sin nadie, en el monte. Ahí, donde tantas veces lo ha buscado. Dice que lo sueña: él, Roberto, corriendo no muy recio, por uno de los lados de la vía, con el rostro cubierto con no sabe qué, y diciéndole que lo alcance, que si lo alcanza va a decirle dónde está. Y ella corre y corre. Se quita las zapatillas, se pone los tenis. Se quita los tenis y se pone botas. Se descalza o usa huaraches. Y corre y corre y corre. Y él le dice, casi festivo, que lo alcance. Y ella se esfuerza, grita, llora y corre más. Y no. No lo alcanza. Y entonces despierta. Y con tal de verlo, cierra los ojos llorosos para seguirlo soñando.

Sueña otra vez. Son sueños recurrentes, que empiezan y empiezan, pero no terminan. Y se repiten con macabros y dolorosos caprichos. Encuéntrame, *amá*. Le dice él. Ven, encuéntrame. Dónde, hijo. Aquí, *amá*. Aquí. Dónde. Donde pita el tren.

Y busca en La Constancia, La Esperanza, Mochicahui, San Blas y Tetamboca. Y vuelve a buscar. Pero no está. Y el tren no deja de pasar.

Morir cuatro veces

Gustavo extiende los dedos de las manos y los enseña. Los dobla y los va sumando y sumando. Desdobla y vuelve a doblar: enseña la palma de la mano con sus dedos enhiestos y luego el dorso y luego de nuevo el frente, dobla y dobla los dedos por los días que su padre no ha estado en casa. Doblados y doblados, de tanto contar ausencias.

"Ahora mis manitas se han hecho así y así y así, porque mi papi no llega", dice Gustavo, de seis años. Ahora está rondando la casa. Se va a la sala y pasa de largo, aunque parece detenerse cuando escucha que hablan de su padre.

Termina su recorrido y va a la cocina. Regresa con algo de comida. Es tranquilo, es serio, salió bueno para la escuela —no como su padre, dicen su madre y su abuela, y se ríen—, con chispazos de simpatía, porque la mayor parte del tiempo está callado.

Es uno de los niños cuyos padres están desaparecidos. Cuatro entre esas cuatro paredes y bajo ese techo. Cuatro mujeres que no se rinden, que resisten: se niegan la categoría de viudas. Esa madre, que ha cobijado a las nueras y anchado ese hogar que parece una fogata gigante, una guarida inmedible, tiene placenta y brazos y miradas e igualmente lágrimas y palabras que nutren la esperanza en medio de la terca tragedia, para todos en ese hogar de muchos: donde siempre se busca y se espera, las madrugadas son vitales para apaciguar el insomnio y desandar el pesimismo del día anterior y que se convierta en energías y vida y aliento para cuando salga el sol. Ellos, dice y lo asegura con voz de martillo sobre piedra, pueden volver.

Sus cuatro hijos desaparecidos. Cuatro de ocho.

Se llama María Herrera Magdaleno y tiene muchas preocupaciones y lágrimas. Sigue húmedo su rostro. Ruedan las gotas y hacen charcos, luego arroyos y después ríos, mares, que corren mejilla abajo. Ella los seca con ese pañuelo que guarda bajo el vestido, a la altura de su pecho. Tibio y húmedo el pañuelo. Y su pecho y toda ella, que se mueve entre esa lluvia de agua con sal y ese secar, esa calidez y ese sin mañana que invariablemente es amanecer y sol y lucha terca.

Grita porque es su forma de hablar, porque quiere que la escuchen. La desgracia multiplicada en esa voz, ese rostro, en tantas palabras que no dejan de salir a pesar del miedo y el silencio de muchos, y en contra de la torpeza, corrupción y burlas de todos los niveles de gobierno. Pero segura, firme, porque ella los quiere encontrar, dar con ellos. Abrazarlos quizá por última vez y recibirlos de nuevo en esa sala en cuyos sillones todo se hunde, menos el cenit de esa mirada.

"Me preocupan los niños, los nietos. Esos niños han andado y crecido con su corazón lleno de resentimientos", advierte.

—¿Qué le dicen a Gustavito?

—Que su papá está trabajando. Pero hace como un año le dije que su papá había salido a trabajar y que no llegaba ni sabía cómo estaba ni dónde.

"Es un niño bien portado, Gustavo. Callado. Qué bueno que salió a los Islas y no a los Trujillo, porque esos no se aguantan. Y los Islas somos buenos para la escuela. Su papá decía que él era un burro y su mamá dice que ella tampoco fue buena para la escuela, que sólo sacaba 10 en conducta. Gustavo salió a mí, porque su papá, de no estudiar, dejó los libros nuevecitos, sin abrir", respondió María Elizabeth Islas Escorcia.

María Elizabeth es joven y se ve fuerte. Se da sus treguas, ahí, sentada en ese sillón en el que parece, de repente, ausentarse y desvanecerse. No hay llanto, pero no hace falta. Ella llora como muchos, cuando nadie la ve. Mirada triste, cabeza baja. Parece rezar mientras entrelaza sus manos. Pero cuando habla y sonríe en medio del vendaval, aquello se ilumina de nuevo y dan luz, como su nuera María, a ese hogar. Y lo vuelven a calentar.

Es de Tulancingo, del estado de Hidalgo. Trabajaba de secretaria en una tienda de artículos para el hogar y ahí conoció a su esposo, Gustavo Trujillo Herrera, quien laboraba, hasta su desaparición, como campesino, en una parcela de Pajacoarán –en el estado de Michoacán– y recolectando piezas de oro o pedazos de éstas, para luego venderlas en Guadalajara. María Elizabeth y Gustavo tienen ocho años casados y cuatro sin él.

"Buena persona, alegre, bromista… era bien difícil que se enojara. Nunca fue agresivo y cuando tomaba tendía mucho a dormirse. Y cuando desaparecieron sus dos hermanos le entró mucho la depresión le pegó como dos meses a la borrachera", cuenta ella.

Muy, muy cerca, está una foto de él. Trae cachucha y lentes oscuros y barba cerrada. Ella recuerda su embarazo: le faltaban alrededor de quince días para que le hicieran la cesárea, como lo había acordado con el doctor, pero Gustavo la programó para que el bebé naciera antes, "porque ya lo quería conocer. No dejó que yo, mi mamá ni mi suegra lo cuidáramos. Él se hizo responsable del bebé y desde que nació anduvieron juntos. Le cambiaba el pañal y le daba biberón. 'Tú no sabes bañarlo, a ver préstamelo. Lo vas a quemar con el agua caliente.'"

Vamos a llegar más tarde

Fue el 22 de septiembre de 2010 cuando Gustavo y su hermano Luis Armando desaparecieron. Habían acudido a Veracruz a trabajar, a comprar oro. La última vez que Gustavo se comunicó con su esposa fue cuando estaban en Poza Rica. Lo supieron luego por las coordenadas que rastrearon a través del GPS del teléfono celular.

Le dijo a ella, a través del teléfono móvil, que iban a llegar más tarde porque tenían que rodear. Le explicó que se había caído un puente y que por eso tenían que darle la vuelta. Era mediodía. En la noche de ese día no llamó, así que le marcaron y entró directo el buzón. Hizo lo mismo al día siguiente. Buzón. El viernes lo intentó de nuevo, alrededor de las once horas, sonó varias veces y alguien contestó. Alguien que no era él expresó un sorprendido: "Bueno."

—¿Dónde está Gustavo? ¿Con quién hablo?—. Pero nadie le respondió. Ante el silencio, le ganó la histeria y empezó a gritar. Los familiares que estaban junto a ella le quitaron el teléfono y del otro lado ya no dijeron más.

Ella terminó muy enojada porque le habían arrebatado el aparato.

Siempre marcaba, insistía e insistía. Buscando destantear a quienes tenían el teléfono celular de su hermano, habló varias veces usando un teléfono público. No olvida que Gustavo llamaba todos los días, cuando se iba de viaje. Lo hacía de dónde estuviera. Lo hacía para saludarla a ella, pero sobre todo para darle las buenas noches a su hijo.

Las esposas de ambos buscaron a unos familiares a quienes ellos frecuentaban, cuando pasaban cerca de sus comunidades, mientras compraban oro. Fueron a preguntarles si ellos se habían comunicado o habían ido. Nada. Tampoco llamó Luis para felicitar a su esposa Cristina Valadés Torres, el día de su cumpleaños.

Iban dos personas más en el vehículo de Luis. Se juntaban para realizar esos viajes y ahorrar dinero. Los otros dos fueron identificados como Jaime López Carlos, de 27 años, y Gabriel Melo Ulloa, esposo de una nieta de María Herrera. Y la familia empezó a realizar pesquisas por su cuenta, luego de interponer denuncia. Acudieron a Michoacán, Puebla, Distrito Federal y por supuesto, a Veracruz.

"Denunciamos, claro que lo hicimos, pero no pasó nada. Fuimos a Michoacán, a Veracruz, Puebla y el mismo Distrito Federal, a buscarlos, a preguntar. Sabíamos más o menos los recorridos que hacían en su trabajo. Nadie, nadie nos dio razón. Ni encontramos el carro Jetta ni nada. Como si se los hubiera tragado la tierra. De las autoridades lo único que podemos decir es que no se movieron, se la pasaron haciéndose tontos. Ni siquiera investigaron a las personas que llamaron desde el celular de Gustavo, porque eso lo supimos nosotros por nuestra cuenta", recordó la madre de ambos.

El gobierno de Veracruz, agregó, tenía coordenadas de dónde estuvieron esas personas, y en diciembre el celular todavía sonaba y sonaba, pero como no investigaron, no dieron con ellos.

En diciembre de ese año, el teléfono 3531063877 seguía sonando. En una de esas ocasiones contestaron: sólo voces, el ventoso y febril respirar de un desconocido, y de nuevo el silencio. Se le volvió a marcar el 7 de febrero de 2015, a través de un teléfono con lada de Sinaloa, buscando tener suerte. Pasó lo mismo. Entró la grabación con la voz de Gustavo, cuyo mensaje se sabe de memoria María Elizabeth: "Ahorita no estoy disponible, si gustas deja tu mensaje. Gracias."

Y cada que puede, cada que quiere y se acuerda. O sea siempre. Le pone saldo. Por si la esperanza revive, por si crece la fe, por si está vivo, aunque esté muerto.

Aunque todo. Aunque nada. Veinte pesos. Veinte pesos cada que puede. Cada que quiere. Cada que se acuerda. Cada que tiene. Cada quince días. O sea, siempre.

—Le pones saldo porque todavía tienes esperanzas, ¿verdad?

—Sí. Aunque me han dicho que estoy loca. Y a lo mejor sí.

También estamos nosotros

"También estamos nosotros", le dijo a María Herrera, su hija. Se lo han dicho varios de ellos, en diferentes momentos. "No tuviste sólo cuatro hijos, sino ocho. Yo entre ellos."

"Parece que quieres más a tus nueras que a mí. Me duele, mamá."

Pero ella se mantiene firme, incluso cuando se dobla.

"Pues a mí lo que más me duele es que no entiendas: quiero suplir de alguna manera a mis hijos a través de mis nueras. Todas ellas son muy buenas. Están esperándolos en sus casas, buscándolos donde sea necesario, conviviendo con nosotros. Unidas, juntas. Son diferentes en su carácter y están unidas. Yo he depositado toda mi confianza en ellas, porque si no fuera por ellas, por esa ayuda que me dan, yo no estaría viva", manifestó.

Y agrega: "Si no estoy y están ellas, es como si yo estuviera. O mejor."

María, Mario

El hijo de Luis se parece más a María, la mamá de él, que a su esposa Cristina. Por eso Luis no lo llamaba por su nombre, sino le decía Mario, "porque has de saber que volviste a nacer", le comentaba él.

Luis estuvo viviendo alrededor de dos años en Estados Unidos, con unos familiares. Llegó "rebeldón" cuenta su madre, cuando regresó: pantalones con el tiro hasta las rodillas y un arete. Su madre, molesta, le dijo que el arete se lo iba a poner en una parte del cuerpo que nadie viera. Le escondió los pantalones, para que no los usara más. Él se enojó y cuando los encontró le dijo que esos pantalones que él se había comprado eran suyos, pero los otros que ella le compró cuando vivía en México, eran de ella.

"Yo le dije: 'Eres mío y te friegas. Vas a hacer lo que yo te diga.' Le di dos palazos y con eso tuvo. Empezó a gritar: 'Ya mami, ya mami.' Y todo se arregló. Recuerdo que cada 10 de mayo llegaba con una planta, porque sabía que me gustaban mucho. Él las regaba o les quitaba las hojas secas, las podaba. Luego me reclamaba que por qué no las regaba, pero en realidad era a él a quien también le encantaba cuidar mis plantitas."

Luis dejó dos hijos. Dos pequeños diablillos, dice la madre. Uno de cuatro y otro de ocho años. El que hoy tiene cuatro años, Jesús Salvador, tenía cinco meses cuando su padre desapareció. Su esposa, Cristina, tiene un carácter muy fuerte. Sobre ella y su hijo, María Herrera asegura que dos abejas no se pican entre sí.

Cuando discutían, él optaba por irse a la calle y volver más calmado.

Luis se hizo cargo de Luisito –a quien llaman Mario–, le cambiaba la ropa y le hacía la pañalera. Cuando a ella, Cristina, le tocaba prepararle la mochila, olvidaba invariablemente echar los biberones. Eso no le pasaba a Luis.

Déficit de atención. Niño hiperactivo. Fue el diagnóstico de los médicos que lo atendieron. Ellos y la familia decidieron canalizarlo con un especialista y fue un psiquiatra quien lo mantuvo bajo tratamiento. La madre, afirman, no le tiene paciencia, se desespera. No puede con él. Y el menor no entiende muchas cosas que pasan a su alrededor. Además, no ha tenido buenas calificaciones en la escuela porque, aseguran, "se le dificulta aprender".

Es rebelde, así lo describen. Le han dicho, confiesan algunos familiares cercanos, que no sirve para nada, que es un inútil. Y él siente que no lo quieren, que prefieren a su hermano Jesús Salvador, el más pequeño. Quizá por eso le amarró las manos a Jesús Salvador, hace ya un tiempo. El argumento: su hermanito no quería comer. Su padre le decía, cada que podía o viajaba: "Te encargo a tu hermanito y a tu mamá."

Él, Luis, sí sabe que su padre está desaparecido. No es que se lo hayan dicho o explicado. Simplemente lo sabe: escucha todo, piensa, revisa los movimientos de su madre y su abuela, su padre no llegó anoche, ni la otra noche, ni volverá mañana. Lo sabe, nomás. Y así lo expresa: "Mi papá está desaparecido."

Hace como tres años le dijo a su abuela: "No sé tú, abuela, te vas a buscar a mi papá y a mis tíos, no los encuentras, pero sí encuentras el montón de ropa que traes para vender… a mi papá búscalo en las montañas, mi papá no va a estar ahí, donde está la ropa, búscalo en las montañas, como esa." Y señala una montaña que vio desde la carretera. Lo hizo con coraje. Le dio a entender a su abuela que no lo estaba buscando. Ellos lo saben. Saben que Luis tiene mucho resentimiento y las palabras que su mamá le dijo ahora él se las regresa: "Eres una inútil, tú no sabes nada."

Luis con nadie juega. Y si juega, termina peleando. "Yo no sé por qué nadie juega conmigo. Todos quieren a Tavito (Gustavo) pero, ¿por qué no juegan conmigo?" Pero es que Luis quiere jugar a la escuela y ser el director. Y si el juego es integrar una orquesta, él quiere dirigirla. Le gusta mandar, es autoritario.

Pero también es creativo. En diciembre hace "nacimientos" del niño Dios. De cajas de cartón y de diferente material y tamaño, hace mochilas. Amarra objetos con nudos que nadie puede descifrar ni desatar. Desde niño se amarra las agujetas, pero a esa edad ninguno de su camada sabía cómo hacerlo. Y una vez que estaban encerrados porque su madre había salido a trabajar, le coció un huevo a su hermano para que desayunara.

Autoritario, eso repiten cuando se refieren a Luis. Así lo definen. Está enojado con la vida, con todos. Pero también aseguran esos mismos que es un niño muy trabajador y acomedido y servicial. En la calle, junta botes y botellas y los vende. El dinero que obtiene, se lo entregaba a su mamá. Es su contribución.

Los Reyes Magos

Pocos años atrás, unos cuatro, uno de sus primos le confesó que no existían los Reyes Magos. Que son los papás. Como él no tiene papá, se preocupó. De todos modos, cuentan, hizo su carta dirigida a los Reyes Magos, para que le trajeran algunos regalos. Tenía alrededor de cuatro años y se animó a preguntarle a su abuela si era cierto que no existían los Reyes, que eran los papás quienes compraban los regalos. Entonces hubo un festival en su escuela y una de las personas vestida de Rey Mago se le acercó, sorpresivamente y le dijo: "Luisito, pórtate bien, ahora no te trajimos nada pero la próxima sí."

Cuando vio a ese primo que le había dicho que no existían, lo llamó mentiroso. Sí existen. Uno de ellos lo llamó por su nombre, durante el festival que hubo en la escuela. Entonces hizo una lista larga de los regalos que quería. Se la enseñó a la abuela y ella no pudo evitar decirle que era una lista muy larga y que no todo se podía. Pide menos, recuerda que son muchos los niños que quieren regalos y los Reyes no pueden con todo. Y él respondió: "Ya sé lo que voy a pedir, que me traiga a mi papá en su camello. Al cabo él me lleva a Soriana y siempre me da regalos, aunque no sea día de Reyes."

—Pero los camellos toman mucha agua y a veces aquí se va el agua, y en ocasiones no alcanza ni para trapear.

—Entonces que se quede en La Alameda, en el centro histórico de la Ciudad de México, mi papá no es tonto. De ahí se puede venir solo.

Todos ahí, en esa casa de Héroes de Churubusco, colonia Tacubaya, en la delegación Miguel Hidalgo, de la Ciudad de México, saben que Luisito se tiró desde una parte alta para golpearse. Esa fue su manera de que le abrieran las puertas y entrar a su casa, lastimado. Había quemado parcialmente uno de los cuartos, en medio de una travesura. Luego huyó por ahí cerca y se tiró para golpearse. Lo dijeron quienes lo vieron: "No se cayó, se dejó caer."

También saben que no le gustan las matemáticas ni nada que lo ponga a leer. Él no quiere nada de eso. Quiere ser cirquero y que su abuela haga las veces de chica amazona —así lo dice—, y sus tíos y tías estarán también en el reparto de papeles estelares, en algunos de los espectáculos circenses.

—¿Tú qué quieres que sea cuando sea grande?

—Tú vas a ser lo que quieras. Tu mamá y yo te vamos a apoyar —le respondió su abuela.

–Quiero ser… no sé en qué se gane más dinero. Sacerdote o cirquero.

Siete desaparecidos

Fue en Atoyac de Álvarez, en el estado de Guerrero. Guerrero otra vez. Guerrero siempre. Para ellos, la familia Trujillo Herrera, 28 de agosto es siempre. Y siempre será 2008.

Siete hombres venían de regreso, de uno de esos viajes de trabajo. Entre ellos iban Jesús Salvador y Raúl Trujillo Herrera. Recolectando oro aquí y allá, a ratos divididos y a ratos juntos, habían logrado acumular alrededor de medio kilo. Venían contentos. Habían tocado puertas, muchas, para cambiar oro nuevo por viejo, y pagar la diferencia.

"Venían en una camioneta de Salvador, una Suburban azul. La encontramos quemada, donde nadie hizo ningún peritaje, en un pueblo muy cercano a Atoyac de Álvarez", recordó María.

El 10 de noviembre de 2011, el semanario *Proceso* publicó sobre este caso:

La Procuraduría General de Justicia de Guerrero (PGJ) reanudó el pasado martes 8 los trabajos de búsqueda de siete personas procedentes de Michoacán reportadas como desaparecidas desde el 28 de agosto de 2008 en la región de la Costa Grande de la entidad.

A través de un comunicado, la dependencia estatal señaló que la reanudación de la búsqueda se debe a que la Procuraduría General de la República (PGR) se declaró incompetente para investigar este caso del que no se tenía registro público.

Este hecho sería el primer caso de desaparición múltiple de michoacanos en Guerrero, previo al "levantón" de los veinte hombres procedentes de esta entidad en octubre de 2010 en Acapulco, los cuales, un mes después, fueron encontrados ejecutados, situación que marcó la debacle de la estructura de Édgar Valdez Villarreal, La Barbie, en este destino de playa.

Al respecto, la Procuraduría local informó esta noche que la PGR remitió el oficio de incompetencia el pasado 11 de julio, por lo que a nivel local se integró la averiguación previa GALE/ATOY/02/128/2008.

En el comunicado la PGJ señaló que después de realizar "diversas indagatorias" sobre el caso, "se obtuvieron fuertes indicios" que podrían llevar a la localización de los siete michoacanos en el municipio de Atoyac de Álvarez, región de la Costa Grande. Por ello, agregó, peritos de la Procuraduría local y agentes de la Policía Ministerial realizarán labores de búsqueda este viernes 11.

Los ocho michoacanos, comerciantes de oficio, desaparecieron el 28 de agosto de 2008 sobre la carretera federal Acapulco-Zihuatanejo, cuando se trasladaban del municipio de Atoyac de Álvarez –donde fue la última vez que los vieron con vida–, con destino a Coyuca de Benítez.

Los nombres de los desaparecidos son: Jesús Salvador y Raúl Trujillo Herrera; Luis Carlos Barajas Alcázar; Joel Franco Ávila; José Luis Barajas Díaz; Flavio Alejandro Higareda y Rafael Cervantes Rodríguez.

Pero la familia no ha sabido nada. Nada que provenga de las autoridades, más que esos diecisiete tomos que conforman la averiguación previa realizada por la Procuraduría General de la República (PGR), que se declaró incompetente, y que luego tomó la Procuraduría General de Justicia del Estado de Guerrero. Ellos, los familiares, supieron por cuenta propia que el delincuente a quien apodan El Nene, de nombre Rubén Granados Vargas, era el jefe del narcotráfico en esa región. Su enemigo, Rogaciano Alba, también en esa zona de Guerrero, le disputaba la plaza. Y en medio, muchos habitantes y turistas y empresarios y trabajadores, ejecutados, desaparecidos, torturados, secuestrados, extorsionados y mutilados, la mayoría inocentes.

"Había una lucha encarnizada entre estas dos organizaciones criminales de Michoacán y Guerrero, mataron a muchos inocentes, gente que no tenía nada que ver con el problema, pero ellos consideraron que sí, y los mataron, secuestraron, mutilaron y desaparecieron. Hay mucho luto y dolor por esos caminos", señaló una persona allegada a las investigaciones de estas desapariciones y asesinatos.

El gobierno, agregó María Herrera, no sabía o no quería enterarse de la magnitud del problema. En una ocasión, Gustavo marcó de nuevo el número celular de uno de ellos: "Ya no los busquen. Ya no existen", se escuchó una voz glacial, del otro lado del aparato.

Cuando Rafael Trujillo fue a poner la denuncia sobre esta desaparición múltiple a Guerrero, uno de la policía se le acercó y le dijo que se fuera. También a ti, le advirtieron, te van a desaparecer, como lo están haciendo con toda la gente que viene de Michoacán.

"La misma gente que sabe quién desapareció a los siete, les dijo que iban a levantar a los tres hermanos que investigaban en Guerrero. Llévatelos –le avisaron a Rafael– porque también los van a desaparecer. Se lo dijo a Raúl, el otro hermano, y éste le contestó: 'Al ratito nos vamos'", manifestó María.

Rafael, añadió, se vino con uno de los grupos que estaban investigando, por su cuenta, y en el otro grupo iba Gustavo. Pensó que había hecho lo mismo con las personas que lo acompañaban. Pero no. Siempre llegaban al hogar dos horas antes de la hora anunciada. Ese día no sería así.

María vio por televisión el caso de la hija de Nelson Vargas. Lo vio a él y a su esposa pidiendo que le regresaran a su hija. Eso alimentó su insomnio. Y el llanto se soltó de nuevo. A las 6 de la mañana se fue a misa. Se sentó hasta adelante para no llamar la atención y que no la vieran llorar. No se percataron las mujeres y hombres con quienes coincidía en esa iglesia, pero sí el sacerdote que oficiaba y que bien la conocía.

–¿Qué le pasa?

–Mis hijos.

–¿Qué tienen?

–Es que ya debieron haber llegado.

–No se adelante, tal vez es un percance.

Ella se tranquilizó un poco. Regresó a las noticias y vio la piel agrietada y herida del país, la piel de la nación, ensangrentada y sin consuelo. Sólo un gran panteón y un mausoleo para la oración tristísima por tanta muerte y levantón: siete jóvenes desaparecidos en Colima, veinte más en Acapulco, otros más en el estado de

Guerrero y Veracruz, cuatro abogados más allá, y cuatro hombres más, entre los que iban Gustavo y Luis.

Los pelones

Dicen que por eso los detuvieron, porque andaban con Los Pelones, como llamaban al grupo delictivo relacionado con el crimen organizado, oriundos del estado de Guerrero. Ahí los sorprendieron los del cártel contrario, de Michoacán.

Y sí, ellos estaban pelones, pero porque padecían calvicie, igual que varios de sus hermanos.

La policía logró detener a varios de los presuntamente involucrados, pero luego fueron dejados en libertad "por falta de pruebas". Entre esos detenidos estuvo una señora que fungía como encargada del bar de esa zona, identificada sólo como Teresa. Los hermanos fueron a hablar con ella y ésta les contestó que no se angustiaran, que ella los iba a contactar con un hombre que sabía dónde estaban sus dos hermanos. Y les pidió dinero.

"Traigo mil pesos", le dijo. Ella le ordenó a uno de sus empleados, que lo llevara con un hombre identificado como Paco. Él les va a decir, les aseguró con insistencia. Buscaron al tal Paco pero no alcanzaron a llegar a uno de los puntos señalados, porque andaba en el velorio del pariente de su jefe, Alba. Una célula de Granados Vargas lo asesinó.

Ahora Rafael está amargado. Debió decirle a la señora del bar que le daba todo el dinero. Todo. Incluso el que no traía. Pero que lo llevara con sus hermanos.

De ellos, sólo queda viva la dueña del bar; de Erick Montufar Mendoza, jefe de la Policía Ministerial, quien está coludido con los criminales que operan en la región, sólo recibieron amenazas. Todos los demás presuntos involucrados en estas desapariciones están muertos.

Jesús Salvador Trujillo tendría ahora 30 años. Cuenta con dos hijos: Salvador, de once años, y su hija de cinco, estaba en el vientre cuando él desapareció, se llama María del Carmen. Salvador es callado, parece estar traumado. Parece triste. Cuando su padre dejó de ir a su casa, lloraba mucho todas las noches. Hacía lo mismo en el jardín de niños.

"Todavía está esperando el carrito que le prometió. Y hasta la fecha sigue esperándolo", cuenta María.

Gustavo lo agarró como si fuera su hijo. Le compraba ropa y calzado y juguetes. De alguna manera trató de suplir la ausencia del padre. En una ocasión, el niño, Salvador, dijo: "Si mi papá no regresa, aunque sea que venga mi tío Gustavo."

Gustavito y él se llevan muy bien. Comparten esa suerte de paternidad. Y las ausencias.

"Recuerdo que mi papá me daba dinero. Me llevaba a acostar y me ponía la cobija. Y me prestaba el celular para jugar", dice Gustavito.

—¿Qué le dirías a tu papá, si hablaras con él?

—Que es un buen papá.

—¿Por qué?

—Porque me cuidaba más que mi mamá. Me cuidaba y me quería.

Gustavo lo dijo una vez, mientras buscaba a sus hermanos. Si me van a hacer lo mismo, nomás que me dejen donde me encuentren. Por el nivel de complicidad entre gobierno y narcotraficantes, María Herrera cree que fueron las autoridades quienes los desaparecieron. Sus pesquisas lo indican y también los testimonios recogidos en tantos recorridos realizados por otras madres y padres y esposos, hijos, sobrinos, hermanos de personas desaparecidas en esas regiones del país. El gobierno, aseguran, tenía mucha relación con los delincuentes y a los detenidos, en lugar de llevarlos ante el Ministerio Público y ante el juez, los entregaban a los narcotraficantes.

"Como esté, pero quiero encontrarlo. Que me lo entreguen. Quiero que me lo den para decirles a mis nietos: 'Aquí está tu papá'… con todo esto, mi vida se detuvo. Me siento estancada, esperando a ver qué pasa", afirmó María, quien de nuevo hace nacer el pañuelo de entre sus prendas para secarse las lágrimas.

Asociación Civil

María no se queda en lo suyo. Trasciende, va más allá y cruza el fuego como la mujer valiente e insistente que es. Durante 2014 constituyó la organización María Herrera Asociación Civil, integrada inicialmente por una treintena de familiares de desaparecidos, cuyo objetivo es mantener la lucha, la búsqueda de sus seres queridos.

Sólo de su pueblo, la comunidad de Pajacuarán, Michoacán, hay alrededor de 50 personas desaparecidas. Por eso y por sus cuatro hijos y los cuatro que siguen con ella y por todo, se unió al Movimiento por la Paz, con Justicia y Dignidad, liderado por el poeta Javier Sicilia, cuyo hijo, Juan Francisco, fue también asesinado a balazos con otros jóvenes, en Temixco, estado de Morelos.

"Cada vez que llegaba a una plaza, en las marchas, al principio gritaba '¿Dónde están mis hijos?'... ahora no. Ahora grito '¿dónde están nuestros hijos?'", manifestó, en la sala de esa vivienda en la que han estado hasta diecinueve personas alojadas, todas ellas en medio de luchas por justicia y por respeto a los derechos humanos. Para ella, este lugar es como un hotel de cinco estrellas: más por el corazón crecido y la tibia hospitalidad, que por las condiciones en que duermen.

Ella está menos sola, lo sabe. No olvida sus dolores ni sus heridas, entre ellas el hecho de que el padre de sus hijos se infartó a los seis meses de la desaparición de los primeros dos. Pero cuando recién empezó todo buscó a Isabel Miranda de Wallace –madre de Hugo Alberto Wallace, joven desaparecido luego de un supuesto secuestro–, al empresario Alejandro Martí –padre de Fernando Martí, ultimado a balazos–, y Nelson Vargas. Ninguno de ellos la atendió. Hasta que vio el movimiento encabezado por Sicilia y como pudo, con todo y algunos problemas de salud, se incorporó a las marchas. Ahí sí obtuvo respuesta, no sólo del poeta, sino de muchos que sin conocerla, desde el primer día de su incorporación, la cobijaron, y hasta ropa y comida le ofrecieron.

Fue en Morelia, durante la llamada Caravana del Dolor, cuando conoció a Sicilia. La invitaron a que hablara durante uno de los mítines y dio un discurso cuyo contenido no recuerda. Como siempre, terminó bañada en lágrimas. Se las secó el pañuelo fiel, también los abrazos, las muestras de cariño y apoyo, y los gritos de "¡No

estás sola!", que la gente, espontáneamente, empezó a
corear.

"Les dije a mis hijos, a mis nueras: 'Regrésense,
yo de aquí me voy con ellos.' Me sentí abrazada, recon-
fortada. Ahora digo que sin el movimiento me voy a
morir. Y es que a veces así me siento, con las pilas bajas.
Pero cuando me llaman y me invitan a realizar una marcha, una protesta, un plantón, nunca les digo que no. A
donde me invitan, voy."

En tres meses

Se lo dijo casi al oído. Felipe Calderón se acercó para
consolarla y le anunció con voz suave y segura: en tres
meses, señora, en tres meses encontramos a sus hijos. Fue
en ese encuentro con los dirigentes del Movimiento por
la Paz, con Justicia y Dignidad, que encabezó Sicilia con
el presidente de la República, en el Castillo de Chapul-
tepec, durante el llamado Diálogo por la Paz.

De acuerdo con la nota publicada por CNN, el
23 de junio de 2011:

> [...] El presidente Calderón aceptó **pedir perdón por
> las víctimas** de la lucha contra el crimen pero rechazó
> ofrecer una disculpa por haber enviado a fuerzas fede-
> rales a las calles para combatir la delincuencia, como le
> pidió Sicilia, líder del Movimiento por la Paz, con Jus-
> ticia y Dignidad.
>
> **"Lo irresponsable hubiera sido no actuar. En eso
> Javier, tú sí estás equivocado"**, dijo el presidente sobre
> la declaración del poeta de que estaba obligado a pedir

perdón a la nación y a las víctimas que "eran más que bajas colaterales de una guerra infame" contra organizaciones criminales.

"¿Quién va a enfrentar a esas bandas?" Cuestionó el ejecutivo federal.

"Prefiero asumir la crítica, aunque sea injusta, que el cargo de conciencia de no haber actuado aun viendo que existía el problema" del crecimiento del crimen de forma arrolladora, aseveró Calderón.

El mandatario aseguró que le "duele terriblemente" que padres de familia han perdido a sus hijos, los policías y militares caídos y cada una de las víctimas, pero reiteró que **el Estado no es quien ha generado la violencia** que finalmente los afectó.

"¿Y si admitimos que son los criminales, los violentos y responsables de esa violencia? Es un error suponer que toda la maldad viene del Estado", dijo Calderón.

Al encuentro acudieron 23 familiares de víctimas de la delincuencia organizada, de policías, de militares y del aparato de justicia.

De acuerdo con la nota, los integrantes del movimiento consideraron que la estrategia frontal de lucha contra el crimen ha generado más violencia en el país desde diciembre de 2006, cuando inició su mandato Calderón. En cuatro años y medio han muerto más de 34 600 personas en acciones de grupos criminales.

El encuentro entre el gobierno y los activistas se concretó luego de la firma de la realización de varias marchas nacionales y la firma del Pacto de Ciudad Juárez.

El movimiento por la justicia reiteró las peticiones plasmadas en el pacto firmado en Ciudad Juárez. Llamaron a cambiar la estrategia de seguridad militarista, por una basada en la seguridad humana y ciudadana, con especial énfasis en derechos humanos.

También solicitaron la indemnización de las víctimas y la creación de un organismo ciudadano autónomo que trabaje como una comisión de la verdad o una fiscalía de la paz, que haga efectivo el "derecho a la verdad".

Javier Sicilia criticó que haya sido necesaria una marcha por doce entidades del país para que las víctimas del crimen hayan sido atendidas por las autoridades, lo que "habla muy mal de las instituciones".

Ahí, en su intervención, María Herrera Magdaleno reclamó, exigió, denunció y gritó y volvió a gritar. En medio del dolorido discurso, fue "consolada" por el mandatario de la nación, quien le ofreció apoyo. Luego, en corto, la invitó a que platicaran en la residencia oficial de Los Pinos, sobre su caso.

"La espero en Los Pinos, con su familia", le habría dicho el presidente. Le dijo que estaba dispuesto a apoyarla, pero empezó mal. Una vez en Los Pinos, lo primero que hizo fue ofrecerle "restaurar" su economía. Y luego le mostró los tomos que conforman el expediente de sus hijos. Sabían todo.

Cada vez que él fue a Michoacán, ella lo buscó y "nomás no me dejaron acercarse sus guardias". Tuvo que conformarse, muchas de las veces que buscó al mandatario, con entregarle a alguno de sus ayudantes, un papel en el que solicitó restablecer su mundo: sus cuatro hijos.

"¿Me está haciendo un avalúo de mis hijos? Porque si usted tiene precio para sus hijos, los míos no tienen precio", le respondió ella, con piedras y rayos y centellas, en cada una de las palabras pronunciadas.

Le ofrecieron de comer. Aunque traía mucha hambre, no aceptó. No voy a comer nada, sostuvo frente a quienes la atendían. Agua, aunque sea, le dijeron con insistencia. Nada.

–¿Qué quiere? ¿Qué necesita? –le preguntó Calderón Hinojosa.

–Quiero a mis hijos.

Ahí, Calderón le ofreció todo el apoyo a través del abogado Juan Manuel Liera Blanco, "de todas mis confianzas", aseguró. Al principio, hubo mucha comunicación con el enviado del presidente. Pero al poco tiempo no supieron nada de él.

"Estoy harta de galletitas y café. Harta de atenciones. Lo que quiero es a mis hijos. Ya como estén. Si les dieron una muerte indigna, quiero darles una sepultura digna. Hasta ahorita se dieron cuenta de lo que nosotros les dijimos y está en el expediente. Todo lo que una y otra vez les aseguramos, era cierto", advirtió ella.

Justo dos años después, en entrevista, Sicilia acusó a Felipe Calderón de haberlos traicionado:

El poeta Javier Sicilia acusa que el ex mandatario traicionó y simuló los acuerdos que se tomaron en ese histórico encuentro.

En entrevista con *Reforma*, Sicilia asegura que la peor traición de Calderón es la Ley General de Víctimas, pues a pesar de que el panista se comprometió a impulsarla, ésta quedó empantanada al final de su sexenio.

Destacó que hace dos años cuando se armaron las mesas de trabajo para temas de justicia, del cambio de la guerra contra el narcotráfico y la Ley de Víctimas había mucha esperanza pero luego, como siempre sucede con el gobierno y con el Estado, enfatizó, los acuerdos acabaron traicionados.

Sicilia consideró que la Ley de Víctimas fue un compromiso traicionado de forma terrible ya que fue secuestrada y llevada a nivel de campaña electoral. Luego, agrega, apareció a destiempo, "querían cambios que iban a dañar la ley y terminó (Calderón) por meterla y entramparla en una controversia constitucional".

Usted cállese

María es de palabras duras y mirada de muchos filos. Hay lanzas en ese caminar de ella, valiente y echado para adelante. En una reunión con Lía Limón y Yessenia Mercedes Peláez Ferrusca, subsecretaria de Derechos Humanos y Directora General de Estrategias para la Atención de Derechos Humanos, ambas de la Secretaría de Gobernación, la señora Herrera fue aún más dura que su apellido y el acero inoxidable:

"¡Cállese! ¡Usted cállese! Usted no sabe lo que sentimos. Cuando le desaparezcan un hijo, va a saber lo que se siente", les respondió, sin dar lugar a ninguna clase de réplica. Para María, Lía le hace honor a su nombre: puros líos... y es más amarga que un limón.

Ella no olvida a los suyos. Ahora tiene más "suyos", porque agregó a otros activistas, hombres y mujeres, que buscan a sus familiares desaparecidos. Entre ellas estaba Margarita Santizo, quien le pidió, ya enferma y cansada, que si se moría antes de que encontraran a su hijo, quería que la velaran afuera de la Procuraduría de Derechos Humanos, en la Ciudad de México, "y así lo hicimos".

En su caso, si muere sin encontrar a sus hijos ni ver la justicia que exige y merece, quiere que hagan un recorrido con su féretro.

"Quiero hacer un recorrido y detenerme en todas las instituciones que he visitado, donde me han atendido pero no me han dado resultados. Morimos de dolor, porque sólo eso nos han dado: dolor. Así que a mí también me van a dar mi paseadita."

María Herrera Magdaleno nace y muere con cada noticia, cada caso de personas desaparecidas, cada vitamina, dosis y sobredosis de amaneceres, en ese andar lerdo, espinoso y cuesta arriba. Cuatro hijos que no sabe dónde están pero que busca afanosa y desesperadamente. Seis nietos que la adoran y al mismo tiempo son su adorable perdición. Y cuatro nueras que son como ella y al mismo tiempo, en su ausencia, son ella misma. Siente a los cerros y tantos expedientes en sus espaldas, su cabeza y nuca. Y flaquea. Quiere rendirse. Y sabe que no debe. Ni puede.

Tiró sus pastillas –ante los problemas de presión arterial y depresiones–, las escondió bajó la almohada y dentro de los zapatos. Era también su resistencia. Morir ante tanta desgracia. Vivir para enfrentarla. Parecía no tener salida. Y sin embargo la tuvo.

"Lo nuestro es un duelo congelado. Se siente uno suspendida... no le encuentra uno razón para vivir, pero ahora que hemos ayudado a otros para que no tropiecen con los mismos problemas que nosotros, es como un ungüento en mi herida. Creí que era yo la que iba a morir. Ahora no, ahora vivo. Además, hay muchos ángeles en el camino."

Debut y despedida

Unos llevaban su ataúd, bajo esa tarde rojiza, anaranjada, del sol de Ciudad Juárez. Otros cargaban al bebé. Lo miraban, absortos y asombrados. Lo abrazaban y sentían esa tibieza que invita, que se queda. Uno se iba o más bien lo llevaban. Él, el otro, ese pequeño, era bien recibido, a pesar del dolor. Uno partía y el otro apenas llegaba.

Azúcar y sal en un mismo día. Leche y miel, en esa sala de tococirugía. Sal, sombras de amargura, y lluvia sin agua ni tierra mojada, en las calles, en ese trayecto de la funeraria al camposanto.

Madrugada. 18 de septiembre. V Bar, en Ciudad Juárez, Chihuahua. Alrededor de las 2 horas, unos cuarenta hombres armados llegan a la zona y la acordonan. Nadie entra, nadie sale. Ellos irrumpen en el antro y disparan indiscriminadamente. Luego los fulminan disparando un arma corta, uno por uno.

Entre los occisos hay una mujer. También Carlos Alberto Soto, de 41 años, contratista, quien desarrollaba proyectos de construcción de maquiladoras y había quedado de verse en el lugar con otros hombres, por asuntos de negocios.

Él abatido, entre otras siete personas, dentro del bar. Su ex mujer, Norma Sosa, de quien recientemente se había separado, pero con quien llevaba una excelente relación, destrozadas, sorprendida, con media vida arrebatada por esa noticia devastadora. Su ex compañero, el esposo de media vida y de siempre, había quedado ahí, tirado, muerto a balazos.

Y su hija, la de ambos, la mayor, Brenda Magaly, con casi nueve meses de embarazo, de pronto invadida por ese doble, triple dolor: el del parto, ya próximo, de ese bebé, que quería salir, que ya tocaba las paredes uterinas y quería dejar de nadar en ese cálido mar amniótico y emerger para conocer la vida exterior, y también el dolor por la muerte de su padre, quien tanto deseaba conocer a su nieto, el segundo en la familia y el primer varón.

Ese día que él, ese pequeño llegó, su abuelo iba de salida, luego de una vida interrumpida violentamente, partida en dos por esa lengua nocturna de ojos de fusiles automáticos y espadas que cercenan y decapitan. Víctima de esa vida de muerte cotidiana, a la vuelta de la esquina, en los cruceros de los semáforos, en la banqueta, frente a la escuela o en centros comerciales. La vida de Juárez cobraba una persona, de ocho que fueron abatidas esa madrugada, de cientos, miles que caen perforados, trozados, ya ensangrentados antes de tocar el suelo.

Fue una madrugada de ocaso. Un nacimiento con el cordón umbilical cerca de un féretro. Un final que empezaba apenas con ese nuevo pestañear, ese llanto que no sabía, ni tenía por qué saber, que ahí, cerca, a pocos kilómetros, enterraban a quien lo esperaba con tanto amor, paciencia y ternura. Ese día tenía la muerte y la vida en un mismo latido. La mañana fresca y el atardecer en esa piel: llegada de un nuevo ser cuando otro se va o es obligado a irse, sin despedirse. Sonidos guturales que nada indican. Nada más que un nuevo ser. Ahí, cerca, ya no había sonidos ni movimientos. Acaso madera, un buen traje para ese final impuesto violentamente, y tierra. Mucha tierra. Tres metros abajo.

Dos días antes

Sentados. Alrededor de la mesa estaban Carlos Alberto, sus hijos Brenda Magaly, que entonces tenía unos diecisiete años, Itzel Alejandra, con doce, y Carlos Alberto, de nueve. Y su ex esposa, Norma, de 42 años. Desayunaban huevos, frijoles, tal vez un poco de queso fresco y café. Todos en esa mesa. Una familia reunida esa mañana del 16 de septiembre, a pesar de la fractura provocada por la separación de sus padres.

Él, Carlos Alberto, había sido un padre amoroso, dedicado a sus hijos, pendiente de ellos, de sus necesidades y problemas. Y no había dejado de serlo a pesar de las desavenencias que tenían él y aquella mujer maravillosa, madre de sus hijos, con quien, además, se llevaba muy bien. La distancia marcada por esa escisión no había tenido consecuencias negativas en la relación que ambos mantenían con esos tres adorables menores.

Ahí estaban esa mañana. Departiendo, rolando las tortillas de un lado a otro, sirviendo más huevo, quizá más frijoles. El café de allá para acá, ayudando a pasar ese bocado de tortillas con frijoles untados y los trozos de huevo revuelto y pizcas de queso fresco. Y Carlos Alberto, el padre, estaba a punto de estrenarse como abuelo y tenía muchas ganas de ver a esa nueva personita, y abrazarla y cargarla y quizá cambiarle el pañal y darle biberón. Tal vez cantarle, platicar con él, leerle un cuento y ponerle algo de música. Llevarlo al parque, a los juegos, subirlo a la carriola y pasearlo. Y verlo crecer y luego escucharlo decir sus primeros balbuceos que después serían palabras, y seguir sus primeros pasos. Seguro lloraría al verlo.

Sabía que era un varón, ya lo decían los médicos cuando le hicieron los ultrasonidos. Lo ratificaron después. Sabían claramente qué tenía entre las piernas ese nuevo ser. Y él más que orgulloso y feliz. Dos rayitas arriba de la felicidad: montado en una nube, lazando el paraíso, bebiendo las mieles de la segunda paternidad, esperando ansioso convertirse de nuevo en abuelo.

"Nosotros tuvimos algunas desavenencias en el matrimonio, pero nos llevábamos bien. Él estaba siempre muy pendiente de sus hijos. Una de mis hijas estaba por *aliviarse* y él estaba muy pendiente de ella y quería conocer a su nieto. Nuestro nieto", manifestó Norma, hoy de 47 años, ejemplar madre de familia y maestra de matemáticas de nivel secundaria.

Superado el tiempo de los desencuentros. Años atrás, cuando Brenda Magaly tenía apenas quince años y andaba de novia, se embarazó. Su padre quería que se casara con el joven, apenas uno o dos años mayor que ella. Pero la madre no, ella prefería que su hija siguiera en la escuela y que nada interrumpiera sus estudios. Ese primer embarazo terminó con Emily Nicole Delgado Soto iluminando la casa, las miradas, los jardines de esas vidas y ahora la joven está casada, felizmente.

Ahí, en la mesa, hablaban de todo y de nada. Celebraran la vida propia y la que venía. Convivían para darle servicio a esa gran relación que habían construido. Mantenimiento del fuego y la tibieza, y las sonrisas y los abrazos y el pan y la sal en medio de todos, como parte de ese desayuno que, sin saberlo, fue el último en el que estuvieron juntos. Todos, incluso el que ya golpeaba, apurado, galopando, los muros uterinos, apurado por salir, tomar bocanadas de aire, respirar, soltar el llanto y vivir.

Mantener el fuego

Brenda Magaly estaba muy triste. Su madre había agarrado fuerza del aire, de los árboles, del cielo, de lo más hondo de su ser, para anunciarle a su hija que su padre había sido asesinado y era uno de los ocho ultimados a tiros en ese bar, esa madrugada. Brenda lloró y lloró. No lo podía creer. Todo iba tan bien, la vida casi era perfecta y ahora el sol se les ocultaba y la luna era una guadaña de la que goteaba sangre y más sangre. Pero no se desvaneció. Se mantuvo fuerte, enhiesta y reaccionó con esa tristeza honda pero sin caer en histeria ni descontrol.

La mayor de sus hijos es muy alegre. En eso y todo sacó a su padre, dice Norma. Alegre, muy alegre. Y platicadora, abierta, excelente conversadora y anfitriona: le encanta, como a su progenitor, tener visitas y atenderlos.

"Fue muy triste. Estábamos tristes todos. No nos imaginábamos que esto fuera a ocurrir, así que traté de tener el mayor tacto posible, sobre todo por ella, que ya estaba a punto de *aliviarse*, pero fue necesario decirle... fue un momento muy duro, para mí como madre tener que darles esa noticia, y traté de tener el mayor tacto, pero son momentos muy dolorosos, no fue excesivamente dramático, pero sí fuerte para ellos", recordó Norma.

Él, agregó, se llevaba mejor con el menor de sus hijos, Carlos Alberto, y siempre que podía lo traía con él. Era su consentido.

—¿Y cómo reaccionó él?

—Para ese entonces estaba más chiquito y como que no dimensionaba mucho las cosas, pero sí fue muy triste, muy doloroso. Tenía por ahí unos pocos días apenas que su papá le había llevado unos videojuegos, tenía dos días que su papá le acababa de regalar una bicicleta, y pues estaba muy triste por su muerte.

"Traté en todo momento de no ahondar en la situación trágica. O sea, hasta la fecha todavía para nosotros es común estar platicando y referirnos a su papá, contar anécdotas y siempre está presente de alguna u otra manera en nuestra vida. Lo que hacemos gira alrededor de los recuerdos que él dejó en la familia. Es más que eso, recordarlo con afecto y tratar de no enfocarnos en la tragedia."

Ninguno de los integrantes de esa familia ha ido a terapia psicológica luego del asesinato del padre. Aparentemente no ha sido necesario. Se reponen con cierta rapidez de aquel suceso trágico y aprenden a administrarlo. Pequeñas dosis de dolor, de tristeza, por la pérdida, y una sobredosis de recuerdos, de grandes momentos, para paliar. Vitaminas de amor frente a la ausencia.

"(Ir al psicólogo) lo contemplé desde un principio, sobre todo por mi niña, la de en medio. Ella estaba en secundaria, con la adolescencia y todo eso, y pensé que iba a requerir algún tipo de apoyo especial. Pero la verdad, ninguna fuimos a terapia, simplemente tratamos de que su vida fuera lo más normal posible, con el apoyo de toda la familia, de mis hermanos, de mi mamá, de todo mundo. Fue lo que les ayudó a salir de esta situación."

–¿Algún trastorno, insomnio, baja en las calificaciones de la escuela?

–No, la verdad no. No atravesamos por ninguna de esas situaciones. Todo ha sido de lo más normal posible, de acuerdo con las etapas que cada uno va viviendo. Ha sido finalmente muy normal.

–Seguido hablan de él, ¿qué dicen?

–Tenía muy buen humor, era una persona muy alegre. A mis hijos los trataba muy bien, los llevaba a pasear. Recuerdan mucho las bromas y siempre está la anécdota, siempre está con ellos. En diciembre del año anterior, ellos pasaron Navidad con él y su familia. Como que ese es el recuerdo más fresco que tienen, el haber pasado esa fecha con él, los regalos.

Fusiles por manecillas

Fueron ocho personas asesinadas, entre ellas una mujer, indica la nota publicada en *La Jornada*, el 19 de septiembre. El multihomicidio fue durante la madrugada, alrededor de las 2:00 a.m., en el centro nocturno V-Bar, ubicado en el circuito Pronaf, una de las zonas exclusivas de Ciudad Juárez, Chihuahua:

> Meseros y testigos dijeron que poco antes de las cuatro de la madrugada más de 40 gatilleros rodearon el bar (que debía estar cerrado), y algunos de ellos irrumpieron en las instalaciones disparando contra toda la clientela con rifles.

Ocho de los caídos fueron rematados con pistolas; tras el incidente se recolectaron más de 70 casquillos. Tras el ataque, de los ultimados sólo pudo identificarse a León Cabral Martínez, quien tenía entre 30 y 35 años, la misma edad calculada para las restantes víctimas, entre las cuales una segunda mujer quedó gravemente herida.

Los ataques contra bares y centros nocturnos en Ciudad Juárez están dirigidos a blancos específicos o indistintamente a la concurrencia cuando los dueños no pagan cuotas de protección o se les vincula con bandas rivales, explicaron las autoridades.

Esa jornada violenta incluyó cuatro asesinatos más, tres de ellos perpetrados el jueves por la tarde, en la colonia Segunda Burócrata. En total, fueron doce las muertes atribuidas al crimen organizado en Juárez, las que se añadieron a siete perpetradas en la ciudad de Chihuahua, capital del estado.

A nivel nacional, ese 18 de septiembre hubo otras catorce personas ejecutadas a tiros, y sumaron 33 en el país. En Sinaloa se reportaron seis de las ejecuciones; y en Jiutepec, Morelos, hombres armados irrumpieron a una vivienda de la colonia Josefa Ortiz de Domínguez y dispararon a tres hermanos, de los cuales murieron Érick y Jorge Pichardo Pineda, estudiantes de secundaria de quince y diecisiete años; mientras Roberto, albañil de diecinueve, fue llevado muy grave al hospital.

Según testigos, los atacantes iban encapuchados, gritaron que eran policías federales y ordenaron a todos tirarse al suelo, pero tras cometer el crimen pintaron las siglas del *cártel* del Pacífico Sur en un muro de la casa.

De las muertes restantes dos ocurrieron en Nogales, Sonora, y una en los límites de San Pedro y Monterrey, Nuevo León. El cadáver en descomposición de un sujeto baleado y atado de pies y manos apareció en Acámbaro, Guanajuato; y en Acapulco, Guerrero, el joven Víctor José Hernández, de dieciocho años, fue ultimado de cuatro tiros frente a un primo menor de edad que resultó herido.

Información de otros medios y agencias, como CNN y EFE, señala que Ciudad Juárez es campo de batalla de una guerra entre varias organizaciones criminales, cuyo saldo es de 2 000 asesinatos desde enero hasta ese 18 de septiembre.

La Subprocuraduría de Justicia del estado no ha revelado cómo ocurrieron los hechos ni la identidad de las víctimas, y sólo ha explicado que la mujer asesinada tenía entre veinte y 25 años y los siete hombres fallecidos entre 30 y 35.

Siete víctimas fallecieron en el lugar y el octavo murió en la Clínica 6 del Instituto Mexicano del Seguro Social (IMSS), mientras recibía atención médica, dijo un vocero de la dependencia estatal.

El pasado 15 de septiembre, día del Bicentenario de la Independencia de México, el alcalde de Ciudad Juárez, José Reyes Ferriz, decidió cancelar la ceremonia multitudinaria por cuestiones de seguridad.

El municipio decidió no convocar a la tradicional ceremonia cívica, en la que se reúnen entre 20 000 y 30 000 personas, para evitar incidentes violentos.

Parto y sepelio

No hay detenidos, se apura a responder Norma. El caso sigue igual, sin resolución: "No sabemos nada de la investigación y creo que ya ha de estar cerrada." Quién fue, no se sabe. Por qué, tampoco. Y poco importa: su ex esposo y padre de sus tres hijos y abuelo de dos fue asesinado ahí, donde había quedado de verse con empresarios que desarrollan proyectos de construcción de maquiladoras. Hasta ahí llegó el comando y mató a ocho, Carlos Alberto entre ellos.

–¿Qué piensas que haya tantos hijos huérfanos, viudas, personas desaparecidas, padres asesinados?

–Te puedo decir que para mí ha sido muy duro. Me ha tocado vivirlo de manera personal y aparte soy maestra y trabajo en una escuela secundaria, de un sector marginado, de ciudad Juárez; se presentó el caso de que antes de 2010 y posterior a ese año muchos de mis alumnos pasaron por situaciones similares y en algunos casos fue necesario que abandonaran la escuela y se trasladaran a otros lugares y estados, por el miedo, los asesinatos. Se trastornó completamente su entorno. Afortunadamente, en mi caso, el apoyo de mis seres queridos ayudó a mantener las cosas más o menos estables, pero no fue la misma situación de estos niños.

Norma tiene ahora 47 años, poco menos de cinco después aquella trágica madrugada. Lleva 21 años dando clases de matemáticas. Ahí, en la Escuela Secundaria Técnica 56, ubicada en el sector Anapra, al suroriente de la ciudad, en una zona marginada de Ciudad Juárez, le toca dar clases… bajo esa lluvia de balas y hogares baldíos, aterrados y desamparados.

Es el polígono de la pobreza, dice. Pero también lo es del miedo y los músculos apretados por tanto sin mañana. Por esos años en que su ex esposo cayó abatido, hubo tres de sus alumnos que perdieron a padre y madre. Así, de un sopetón. Cerraron los ojos y todo estaba bien. Los abrieron y ya no había mamá ni papá en sus vidas. Y como esos hubo muchos casos. Y esto trajo otros problemas, como la deserción, la población escolar flotante y una reprobación "espantosa".

"En ese sector donde yo trabajo, se dio mucho la situación de violencia, de narcotráfico, de secuestros, levantones, y fueron muchos los alumnos afectados. Estadísticamente no te sabría decir, pero fueron muchos. Muchísimos. Y fue una etapa muy dura para mí y para la escuela."

Norma tenía ocho grupos, cada uno de alrededor de 50 alumnos. En total, en ese plantel y entre los dos turnos suman 21 grupos por la mañana y dieciocho por la tarde.

—¿Se puede enseñar matemáticas bajo las balas?

—La verdad es muy difícil enseñar o por ejemplo exigir a un alumno mayor rendimiento, cuando su prioridad es la supervivencia, no el aprendizaje. Ha sido muy difícil en la escuela, afortunadamente hemos tenido mucho apoyo de la iniciativa privada, enfocado a la escuela. Pero es difícil que para un niño sea importante aprender cuando en su casa viven tragedias de este tipo.

Cuenta que subió mucho la reprobación. Fue un periodo en el que trabajaron mucho la reprobación, la población flotante. No sabían si los alumnos que se habían retirado de las aulas seguían en la colonia, en la ciudad. Si iban a regresar o no. Por eso, el plantel trató de llevar a cabo programas especiales, estrategias extraordinarias para combatir la reprobación y enfrentar la población flotante, lo que "fue un trabajo muy arduo, la verdad".

Algunos de estos grupos alcanzaron un porcentaje de reprobados de alrededor de 60 por ciento: "Es escandaloso, cuando lo más que nosotros teníamos era diez por ciento, es decir unos tres alumnos por grupo, pero por el nivel académico de la escuela, no podíamos reprobar a los niños y menos sabiendo las condiciones que padecían en casa. Lo fundamental fue el apoyo a través de diferentes estrategias para bajar la reprobación", sostuvo.

Ahora, en Ciudad Juárez aún hay violencia, pero nada parecido a las condiciones críticas que tuvieron en 2010. Eso se ha reflejado en hogares más estables y alumnos que enfrentan en mejores condiciones el proceso de enseñanza-aprendizaje.

Norma confiesa que si algo la quebró fue tanta pobreza y violencia. Ver a esos alumnos despedazados, con familias inexistentes. Pero, irónicamente, su experiencia personal en torno a la muerte de quien fue su esposo y salir adelante con sus hijos y nietos, la ayudó para enfrentar el reto de enseñar matemáticas en medio de tanta muerte, balas y sangre.

"Si algo me quebró más que nada fue ver la situación de pobreza, de tanto alumno herido. Durante un tiempo estuve a cargo de la subdirección del turno vespertino y a veces como maestro uno no se da cuenta de la situación que viven las familias. Cuando estuve en la subdirección tuve más acercamiento con los padres de familia y vi la magnitud de esas tragedias que vivían las familias: papás que habían perdido a un hijo, a la esposa, mamás que habían perdido al esposo. Y era muy triste para mí ver tanta situación de este tipo. Creo que al haber pasado por esta situación, personalmente, me permitió tener más empatía por estas situaciones."

Norma acaba de cumplir años y de recuperarse de una infección en la garganta. Nomás le queda la gripe, dice. Se le recomienda un tequila, algo de música y buenas compañías, y ella festeja. Está viva. Mira hacia atrás y sabe que todo ha sido muy duro para ella y sus tres hijos y dos nietos. Está sana. Eso asegura. Sus heridas están ahí, asoman. Quizá alguna tormenta eléctrica casi imperceptible, pero también grandes recuerdos.

Dice que esas heridas, esa muerte y tantas otras en su trabajo, con la tristeza marcando el rostro a diario, esculpiendo las miradas de sus alumnos, han terminado por fortalecerla: ahora tiene una familia más consolidada y unida. Parece que nada los destruye a pesar de la lluvia plomiza e hiriente. Tiene hijos maravillosos, afirma convencida, casi a gritos. Parece olvidar la gripe cuando lo dice, porque su voz está amartillada, su boca dispara y entonces las palabras son claras, contundentes y precisas. Justo en el blanco.

"Todo esto nos ayudó a fortalecer los lazos de amor, tengo unos hijos maravillosos. Y estamos juntos, eso es lo más importante."

Cuenta que su gran preocupación es vivir. Latir, respirar, palpitar, amanecer. Tener más años para ver crecer a sus hijos y a sus nietos. Muchos años más. Y para eso debe exponerse menos ante tanta violencia y destrucción.

No meterse en conflictos innecesarios, aunque sabe en qué ciudad vive, en qué sector está la escuela secundaria en la que sigue dando clases. Lo sabe. Y también que nadie se salva. Nadie está exento.

Lo sabe y lo sabe bien. Ese centro de trabajo sigue en una zona de mucha pobreza y violencia, igual que esa ciudad de Chihuahua. Ella, la que a las diez de la mañana de ese 21 de septiembre vio nacer a su bebé, el gran Irving Alan Delgado Soto, y que tres horas después corrió para estar en misa y en el sepelio de su ex esposo, Carlos Alberto.

Ella, Norma, la de los 47 que parecen veintitantos, por tanta fuerza y juventud y esperanza, cosechada bajo las matemáticas y el calibre 7.62. La misma que busca mantenerse con vida y llegar a salvo a casa.

Echado a perder

En El Tamarindo, una comunidad enclavada en los límites de Culiacán con el municipio de Mocorito, todo se echó a perder. Y esa vida maloliente, con el viento manchado de gasolina y los patios traseros de las viviendas anegados de combustible y rapiña con insignias y fusiles automáticos, se llevó, en medio de un incendio devastador, a Kevin.

En Sinaloa y muy probablemente en el noroeste del país, ésta es una de las zonas con más combustible decomisado por las policías Ministerial y Estatal Preventiva y por el Ejército y la Secretaría de Marina. Aquí conviven el agandalle de los uniformados, con bandas del crimen organizado –ligadas al Cártel de Sinaloa– que controlan la ordeña de gasolina de los ductos de Petróleos Mexicanos, pero también la perdición del dinero, el poder, las trocas del año y la pistola fajada: el imperio de las 38 y los fusiles AK-47.

Más que las drogas, el robo de combustible degeneró la otrora vida apacible.

–¿Se echó a perder El Tamarindo? –es la pregunta a uno de los lugareños.

–Sí, pero más echado a perder está el gobierno. Son corruptos, son unos perros. Y si uno no tiene nada robado, se lo echan y ya. Y sí, la verdad está muy perdido El Tamarindo.

Olga tiene 41 años y tres hijos. Uno de ellos es Kevin, asesinado a balazos y apenas tenía dieciséis años. Es un caso más, entre muchos, de violencia, detenciones, levantones, asesinatos, decomiso de combustible robado, vehículos usados en actividades ilícitas, y presencia de grupos armados.

Los que viven aquí saben que el robo de gasolina convulsionó más la región que la cocaína y la mariguana juntas: en el robo de combustible hay menores de hasta catorce años involucrados y la obtención de dinero procedente de esta actividad ilegal les permite comprar alcohol y droga. Sentirse poderosos y morder con irreverencia la rutina de esa comunidad.

Jesús Carrazco Ruiz, subdirector de Operaciones de la Policía Ministerial del Estado, informó que hay al menos cuatro grupos de bandas dedicadas a la ordeña ilegal de combustible de los ductos de Petróleos Mexicanos que cruzan esta zona de El Tamarindo. Él está a cargo del operativo contra este delito en la región. Llegó del municipio de Ahome, a 200 kilómetros al norte de Culiacán, donde fue acusado de asesinato, desapariciones y extorsiones. Ahora está en la capital sinaloense. Brazo derecho de Jesús Antonio Aguilar Íñiguez, director de la corporación.

Ante la alta incidencia del robo de combustible, las operaciones de la Ministerial, del Ejército Mexicano, de la Secretaría de Marina y de la Policía Estatal Preventiva, se centran en El Tamarindo, ubicado a veinte minutos de la ciudad capital, pero este delito también es común en Recoveco y Pericos, en el municipio de Mocorito.

Cada una de las bandas delictivas está conformada por entre diez y quince personas, sobre todo jóvenes, pero fuentes extraoficiales señalaron que detrás de ellos, por encima y a los lados, está el Cártel de Sinaloa.

Apenas este 10 de febrero, un operativo de la Policía Ministerial, al mando del comandante Carrasco, logró asegurar alrededor de 4 000 litros de gasolina que había sido robada. La mitad del combustible estaba en una vivienda a medio terminar, de buen tamaño, y aparentemente deshabitada, por la calle Zapata, a pocos metros de la avenida Rosales, en esa comunidad.

El resto, los otros 2 000 litros, fueron asegurados en el lugar de la "ordeña", cerca de la comunidad Cacaraguas. Los agentes decomisaron cuatro camionetas, entre ellas una de redilas, sin placas de circulación y modelo 1973, una Ford 1999, y una Ram con placas TW-04110.

Un joven menor, identificado como Cruz Federico, fue aprehendido por los uniformados, quienes señalaron que otros dos lograron huir.

Datos de la Policía Ministerial indican —según lo publicado por el semanario *Ríodoce*, en febrero de 2015— que durante 2014 se aseguraron 146 610 litros de combustible, detuvieron a 41 personas y decomisaron 70 vehículos. De enero a febrero de 2015, el combustible recuperado es de 70 600 litros, catorce detenidos, y 32 vehículos asegurados.

Ladrón contra ladrón

En El Tamarindo muchos viven de eso, del robo de gasolina. El nivel de extracción ilegal, su distribución y comercialización llegó a tal grado que la gasolinería del pueblo, ubicada a pocos kilómetros del acceso, tiene alrededor de tres meses cerrada. En la calle, los patios de las casas, cocheras, negocios disfrazados de otros giros, entre los surcos y en el monte, la gasolina está a la mano y a un costo de 6 o 7 pesos el litro.

Un señor se asoma a la calle. Atisba. A pocas cuadras hay un operativo de la policía y lo sabe. Avisan por teléfono, por radio Nextel o por la forma que sea.

Corren las camionetas sin placas, aceleran los de las motos, asoman a la banqueta: la pequeña comunidad es un hervidero y cuando hay actos policiacos o militares, se revoluciona.

La gasolina está muy cara. A este señor no se le olvida que Enrique Peña Nieto, presidente de la República, prometió bajar el precio del litro de combustible, igual que las tarifas por consumo de energía eléctrica. Eso no ha pasado. Reniega porque al del cíber –establecimiento comercial que renta computadoras con internet– le quitaron las computadoras y al electricista la escalera, el horno microondas y hasta algunos comestibles. Todo con el pretexto del decomiso de combustible.

Entran los agentes sin orden de cateo. Revisan, esculcan y regularmente algo se llevan. Pero también saben que los polis están aliados con algunas de estas bandas y hasta han sido vistas camionetas Tacoma con civiles armados entre las patrullas, dirigiendo los operativos.

"Es un abuso, oiga. Este amigo toda su vida ha trabajado bien y hasta el mandado se llevan, y la escalera ¿pa qué la quieren? Nosotros robamos porque el gobierno nos roba y si ellos hacen lo que quieren, ¿nosotros por qué no?", manifestó un vecino de esta comunidad, que apenas suma cerca de 5 100 habitantes, la mitad mujeres.

Aquí ya no se vive de la siembra de maíz, frijol, garbanzo, sorgo u hortalizas. La época de jauja por esos cultivos se acabó. La bonanza ahora está en ese olor que incendia, esa semilla para los motores, ese oro líquido y cobrizo y helado y ardiente.

"¿Acaso va a bajar la gasolina?", pregunta. Y él solo se responde: "¡Ahí está, pues!"

Las ratas

"La gente compra gasolina a las ratas", manifestó uno de los agentes que participa en los recorridos de vigilancia, en El Tamarindo. Dice que el corredor de robo de combustible va desde el fraccionamiento Valle Alto, en la zona norponiente de la ciudad, hasta El Tamarindo, y luego Recoveco, Pericos, La Calera y otras comunidades de Salvador Alvarado.

Los morros, agrega, ya no quieren trabajar más que robando. No fumes aquí, dice. En el lugar sacan y sacan bidones de gasolina. Una parte va en la camioneta de redilas también asegurada y la otra en las patrullas. Los vecinos saben que parte del decomiso se queda en la policía, para su venta.

"No fumes aquí, advierten." Pero en realidad uno no debe fumar en todo El Tamarindo. Huele a tensión, a robo y violencia y a mucha, mucha gasolina.

Unos quince hombres "encuernados" –portando fusiles AK-47, llamados cuernos de chivo– les hicieron frente a los ministeriales. Hubo intercambio de ráfagas y persecución. Cero heridos y detenidos. La refriega fue hace alrededor de diez meses, pero desde hace un año de manera más descarada, este pequeño pueblo ya olía a Magna, a Premium, a una decadente y rancia podredumbre.

Carrazco advirtió que en meses recientes se tienen entre tres y cuatro muertos en la región por las pugnas entre los grupos que se dedican al robo de combustible y en siete meses han sido detenidas cerca de quince personas por este delito y asegurados al menos catorce vehículos, entre ellos algunos robados.

El 9 de noviembre, dos jóvenes fueron asesinados con fusiles AK-47 cuando viajaban en un vehículo en Recoveco. Los hoy occisos traían dentro de la unidad motriz "esposas" similares a las que usa la policía. Las víctimas fueron identificadas como Jesús Armando Iribe Uriarte, de 26 años, y Alberto Velásquez Iribe, de 24, quienes viajaban en una Cherokee gris, placas VNC-2066, de Sinaloa.

En diciembre, día 26, fue ejecutado a balazos Gerardo Parra Angulo, también en esa comunidad, cuando viajaba en una camioneta Dodge Ram placas TY-09856. También en diciembre fue muerto a tiros un joven identificado como Kevin, de dieciséis años, quien había sido levantado por un grupo armado.

La cloaca se abrió

Cuatro años suma El Tamarindo con este problema del robo de combustible, pero en un año el ilícito se ha agravado: no sólo por la incidencia, que es alta, sino por la participación de niños de entre catorce y dieciséis años que luego de obtener dinero por esta actividad, se lo gastan en alcohol y drogas.

"Tiene como un año que se abrió esto. Ves pasar carros llenos de bidones, con bules grandes. Generalmente son camionetas viejas, chocadas o robadas, despintadas pero con buen motor para que tenga capacidad de carga", dijo un habitante de este poblado.

Se generalizó tanto, aseguró, que son muchos los vehículos que van a surtir sus bidones al "hoyo", como llaman a la toma clandestina, de las cuales, según los vecinos consultados, suman unas cuatro o cinco en los alrededores de El Tamarindo.

Quienes la compran pagan entre uno y dos pesos por litro, se surten de mil, dos mil y hasta tres mil litros, para venderla a siete pesos el litro. También se da la reventa: adquieren la gasolina a distribuidores que se surten directamente del "hoyo", a unos cinco pesos, y luego a otros para que la expendan a siete pesos.

"Van a chambear. Van a chambear ahora", se escucha por los rincones de El Tamarindo, cuando avisan que habrá ordeña y podrán surtirse. Puede ser en la tarde o en la mañana, durante la madrugada; las mismas tomas clausuradas son reabiertas por los delincuentes, cuyos jefes forman parte de células del narcotráfico en la región.

Unos 30 carros llegan a juntarse en el "hoyo" y siempre hay quienes avisan si pueden extraer y, por supuesto, si hay o no operativo de alguna corporación policiaca o de personal de Pemex. Aunque los más temidos son los soldados y la marina.

Muchas veces, vuelven a la toma clandestina una vez que pasa el convoy del ejército.

"Ha traído mucha perdición esto del robo de gasolina. De punteros, ahora son cargadores de combustibles, y son puros menores de edad, de familias marginadas y desintegradas. Como que se airaron los morros, se creen parte de un movimiento que ya los hace más chingones. Más que el narco o la droga, la gasolina los echó a perder a los plebes", comentó.

Señaló que ha habido niños quemados, otros baleados y detenidos, por tanto incidente y pugnas. De diez involucrados en este delito, cinco o seis son menores de edad.

La cuchara

Su nombre es Olga Lidia Ramírez Núñez y tiene 41 años. Y hasta el 14 de diciembre tenía tres hijos: uno de ellos, Kevin, de dieciséis años, fue muerto a balazos luego de haber sido levantado por un comando, en El Tamarindo.

No tiene ojos, sólo llanto. No tiene palabras más que las que dan con el nombre de su hijo Kevin. No tiene vida más que la muerte de ese joven de dieciséis que era buen alumno de la preparatoria 8 de Julio, de la Universidad Autónoma de Sinaloa (UAS) y que recibía dos becas del gobierno federal.

Su mamá cuenta que Kevin estaba trabajando en la siembra de parcelas de maíz, con un tío. Dijo que estaban atendiendo la parcela durante la tarde —porque ya es difícil, asegura, realizar labores del campo a ciertas horas, por el robo de gasolina— cuando salieron de la toma clandestina varios vehículos, a toda velocidad, al parecer huyendo de un operativo.

Y en esa supuesta persecución y confusión, hombres armados lo levantaron, alrededor de las quince horas del 13 de diciembre. Durante la tarde y noche de ese día, los vecinos lo buscaron en la zona cercana a la toma, en cinco o seis carros. No lo encontraron. Al día siguiente reiniciaron la búsqueda y dieron con él, a las catorce horas del 14 de diciembre. Estaba muerto.

Dos balazos en la cabeza. Uno de ellos le entró por la nuca y le destrozó boca y quijada. El otro en la frente, justo en el centro. Uno más en un brazo. Hubo versiones de los vecinos que lo habían torturado salvajemente.

En el lugar había tres casquillos. Olga Lidia dice que son de "cuerno de chivo" porque además había un cargador, al que le tomó fotos con su celular. Un charco de sangre que pronto oscureció en la tierra la estaba esperando en la escena.

Vecinos del sector indican que dos camionetas Tacoma, una blanca y otra color vino, acompañaban a los policías ministeriales en los operativos. En las camionetas van civiles armados, que parecen dar órdenes a los agentes, pero éstos también recolectan, con la complicidad de delincuentes, gasolina para luego surtirse y vender por su cuenta.

Otro hijo de Olga, de nombre Fausto Javier, de 23 años, está detenido en el penal de Culiacán. A principios de febrero de 2015, los agentes de la Estatal Preventiva lo persiguieron cuando varios vehículos salían de una de estas tomas clandestinas. Pero él pasaba por ahí. Su madre cuenta que llevaba una camioneta cargada con leña, porque se dedica a labores del campo.

Desde un helicóptero le dispararon y lanzaron granadas, lo que provocó que el vehículo se incendiara. El joven logró salir ileso pero fue aprehendido y golpeado, alrededor de las tres de la tarde, y hasta las doce de la noche de ese día fue llevado a la Policía Ministerial, en Culiacán, acusado de trasladar 2 000 litros de gasolina. La acusación más reciente, luego de unas diligencias del abogado defensor, es de robo de mil litros.

"Que lleven peritos, que investiguen, porque él no llevaba gasolina, sino leña. Si fuera cierto, pues que pague, que lo sometan a juicio, pero mi hijo no es delincuente, es un muchacho trabajador que maneja retroexcavadoras, tractores, góndolas", manifestó.

Debido a las irregularidades y abusos, añadió, interpuso denuncia en la Comisión Estatal de Derechos Humanos (CEDH), y ya un abogado lleva el caso de su hijo. Ella y otros vecinos de la colonia Guadalupe, de El Tamarindo, afirmaron que los agentes estatales y ministeriales tumban las puertas de las viviendas y si no hay nadie aprovechan para llevarse televisores, ropa, tenis de marca y otros objetos.

Señalaron que el 10, 11 y 12 de febrero los agentes detuvieron arbitrariamente a varios habitantes y se llevaron varios vehículos, entre ellos una motocicleta. En estas acciones, denunciaron, participaron las patrullas 2915, 2932, 2951, 3921 y 2732 de la Policía Ministerial.

Ahí, en la casa de Olga Lidia, viven varios jóvenes y al menos tres niños. Uno de ellos reposa plácidamente en el cuarto más grande. Antes del patio trasero, dos hornillas anuncian que está cerca la hora de la comida: calabazas y frijoles, en sus respectivos caldos. Una joven madre vive con la familia de Olga: salió huyendo de Palo Verde, municipio de Badiraguato, donde hombres armados se llevaron a varios de sus parientes. Ahora vive ahí, en esa sucursal del infierno.

"Caí en mal lugar… por todo lo que ha pasado. Ya no le tengo confianza a la policía", dijo.

Guachito

Kevin quería ser militar. Saliendo de la primaria fue llevado por su madre a la Novena Zona, en Culiacán, para que lo aceptaran en la milicia. Lo regresaron, pues ahora pueden ingresar una vez que terminen la prepa. Y en eso andaba Kevin, con un promedio muy bueno y recibiendo dos becas. Y comprando desde niño, eso sí, todo lo que fuera militar: así desfiló, vestido de guachito, el 20 de Noviembre, aniversario de la Revolución Mexicana. Y así aparece en esa foto. Porte marcial, en línea recta, inmutable.

Le llegaban dos becas. Dos mil pesos cada una. Cuando las cobraba, le decía a su mamá: "Hay que agarrar nomás mil para la comida y el resto para levantar los cuartos." En eso se iba su dinero, el que también ganaba pintando casas, regando parcelas, involucrándose en la cosecha, taspanando. Obtenía algo y se lo daba a su madre, se quedaba con poco y se daba sus gustos.

Kevin no se bajaba de la boca a Hanna, su sobrina mayor, hija de Fausto Javier. Iba por ella y la otra bebé, que ahora tiene cinco meses, y las llevaba a casa de su madre. Recientemente a Kevin le dio por decirle a su madre, jugando, que andaba bien mariguano, que había ingerido cerveza, que le curara la "malilla" –la "cruda", el síndrome de abstinencia– y ella le respondía que tenía buena espalda para un cintarazo. Y ambos festejaban. Porque ella lo sabía: Kevin no tomaba ni se drogaba.

"Cuando su hermano lo vio tirado, ya muerto, no hizo más que abrazarlo y llorarle. No decía nada. Qué iba a decir, si estaba en estado de shock. Igual que yo, me choquié también. Pero ya le estamos haciendo un video. Yo mandé grabar cuando lo enterramos, le vamos a meter fotos. Una sobrina le está componiendo un corrido y ya llegaron los músicos que lo van a tocar pa grabarlo. Era bueno mi hijo. La gente lo quería, porque él a todos ayudaba. A todos les hacía mandados", manifestó su madre, con esos ojos hinchados que parecen agrandarse cuando habla del asesinato de Kevin y el incendio en que se convirtió su vida, por ese viento oloroso a gasolina que ahora cubre, como sábana del mal, a El Tamarindo.

Por eso lo vistió así, de guachito, dentro del ataúd. Así lo hubiera querido él. Era su delirio: ser militar.

Olga Lidia trae las fotos en su celular. Un cargador, los cartuchos, los restos de toda esa humanidad que ya no está con ella. Se le pregunta qué tan descompuesto está todo en El Tamarindo.

—¿Se echó a perder todo?

—Sí, se echó a perder. Pero más echado a perder está el gobierno. Esos son los corruptos. Son unos perros.

Cuenta que se meten a las casas… a robar. Ropa, celulares, tenis y aparatos electrodomésticos. Destrozan televisores y tumban puertas. Así pasó con una vecina y con otra y con otra. Historias de todos los días en El Tamarindo.

Y saca de entre sus recuerdos de aquella tarde macabra una cuchara. La muestra. Se le extravían los ojos, naufragan, entre tanta lágrima. Dice que esa cuchara estaba ensangrentada, que los de ahí cerca le contaron que

los agentes la usan para meterla en la boca, profundamente, a los detenidos. Hasta ahogarlos. Y enseña la cuchara y levanta la frente y parece no saberse otro nombre.
Kevin.

El Choco

Jimena duró años sin poder hablar de su padre. Ahora lo hace pero sólo como un ejercicio, mínimo a veces, elemental quizá, pero tímido, eso sí: rememorar. "¿Te acuerdas cuando mi papá...?"

Jimena estuvo en el asiento del copiloto, en aquel noviembre de 2008, cuando un hombre se acercó al vehículo conducido por su padre, y le disparó. Una, dos, tres. Diez veces. Dicen los que saben que le vació los cartuchos del cargador.

Primero de frente, directos. Luego de lado, por la ventanilla. Todos en el tórax.

Y Jimena callada, tallándose una pierna. Con la mirada de maniquí y un sudor frío, de invierno que no sale al exterior, pero que por dentro parece haberla minado.

De por sí todo se lo guarda. Tiene una vida reseca, más interna que externa. Y quedó ahí, junto a su padre, acaso unos segundos. Luego fue llevada a un sillón de la sala. Y después su vida se trató de ausencias, de idas a la escuela y a terapia con el psicólogo, con su madre y sus hermanos.

Han pasado poco más de seis años. El asesinato de su padre, el periodista José Armando Rodríguez Carreón, El Choco, especializado en cobertura policiaca y de narcotráfico, y quien publicaba en *El Diario de Juárez*, en Ciudad Juárez, Chihuahua, fue en la cochera de su casa, cuando el comunicador maniobraba para sacar el vehículo.

Han pasado seis años. Y esa película sangrienta, vívida y dolorosa, tibia como esa sangre salpicada en los asientos delanteros, sigue pasando involuntariamente, tercamente, salvajemente, en su cabeza. Una y otra vez. Pero ella se guarda, se esconde, instala una coraza y vive del otro lado de esa escafandra del color de su piel y cabello, con sus ojos y labios, quizá para no sufrir más. Aunque no lo logra.

Aquella mañana

El Choco, como llaman a Armando sus compañeros de trabajo y miembros de su familia y amigos, está casi listo para irse a trabajar. Antes tiene que llevar a sus hijas. Jimena y Ghalia, que entonces tenían ocho y seis años, a la escuela primaria, al colegio. El menor, Elías, de cuatro años, a la guardería, pero a él su mamá, Blanca Alicia Martínez de la Rocha, lo lleva.

Todos habían desayunado. Ghalia había estado enferma, así que había que cubrirla mejor. Jimena ya estaba preparada y con su mochila a la espalda. Salió con su padre para subirse al carro. El Choco lo haría para preparar su salida, pero le anunció a su esposa que volvería por Ghalia o la esperaría en el carro. Ella se mantiene con la menor de las niñas y con Elías, en la cocina. Se escuchan varios disparos. Esos días de muchas balaceras y muertos por todo Ciudad Juárez, ciudad que se disputaban los cárteles de Sinaloa y de Juárez, liderado entonces por

Vicente Carrillo Fuentes, y los habitantes habían empezado a "acostumbrarse" a los tiroteos y a la cuota diaria de sangre: la normalización del mal nuestro de cada día. Eso destantea a Blanca.

"Seguro es aquí cerca", pensó. Musitó un "válgame Dios, qué habrá pasado". Y entonces reaccionó y se asomó por una de las ventanas que da al frente, a la cochera. Vio a su esposo agachado, con la cabeza inclinada hacia el volante y el tablero del vehículo. Pensó que estaba buscando su teléfono celular para avisar a la redacción de *El Diario de Juárez* que había escuchado disparos. Era, finalmente, su trabajo, y lo hacía con la misma pasión que dieciséis años atrás, cuando empezó a realizar coberturas de hechos violentos.

Su reacción la llevó a ir más allá, como un lento despertar. Hoja por hoja, entrecerrar los párpados. Respirar hondo y sospechar. Escuchar el corazón propio y presentir algo, un no sé qué. Oler la muerte que pasa por esa cocina, por la sala de esa casa y llega a la cochera y se instala sin ser vista. Eso sí, escuchada en esos diez disparos a corta distancia. Le cayó muy lento el instinto a esa joven mujer, quien tardó en darse cuenta que algo iba mal en esa casa, en esa banqueta, esa calle de Juaritos, como llaman de cariño a esta ciudad del crimen, tal como el título de ese libro que sobre su vida criminal escribió el periodista estadunidense Charles Bowden.

Entonces se asomó de nuevo. No la convenció lo que vio y optó por salir. Le habló a su esposo, pero éste no reaccionó. Seguía ahí, recargado. No vio sangre, pero sí alcanzó a mirar los ojos cerrados de él y a su hija a un lado, tallándose la pierna: trabada en ese ir y venir de la palma de su mano sobre el muslo, en estado de shock, sin hablar ni gritar ni llorar.

Lo llamó por su nombre. Le gritó. Y vio entonces los orificios de bala en el vidrio frontal del automóvil y también los que habían dejado las balas en el cristal del costado, del lado del conductor. Abrió la puerta, le habló de nuevo. Nada. Y vio la chamarra rasgada, perforada, en uno de sus rincones frontales. Supo que estaba herido, gravemente.

Le preguntó a su hija si estaba bien. Luego le pidió que se metiera y le diera su teléfono, que estaba dentro de la casa, para llamar al diario, a una ambulancia y a la policía. Antes de que la niña volviera, encontró entre las ropas del Choco su teléfono y empezó a marcar. Empezó por el de los jefes que el reportero tenía en el periódico.

"Yo estaba muy impactada, quería cargar a mi marido, sacarlo de ahí… saqué su teléfono y le hablé a Pedro Torres, que era el director editorial en ese entonces, y no me creía cuando me contestó. Le dije: 'Le dispararon a Armando. Le dispararon. Ven por favor.' Y me decía: 'Ay no, no mames, no es cierto.' Pero yo le repetía: 'Ven por favor, le dispararon'… y ya me dijo: 'Voy para allá.' Colgué y en eso entré por el teléfono de la casa, y marqué a emergencias y recuerdo que le decía a la señorita que mandara una ambulancia, y no me entendía y le daba el domicilio y me dijo: 'Tranquilícese, porque no le entiendo.' Luego me dijo: 'Ahorita va a llegar una unidad de la policía ahí con ustedes', le contesté que yo no quería una patrulla de la policía, sino una ambulancia. Al final, la ambulancia nunca llegó, sino la unidad de la policía."

Pierde un poco su mirada rota y añade: "Cuando entré por el teléfono vi a mi hija Jimena que estaba sentada en el sillón de la sala, con su mirada perdida, tranquila… con la mirada fija. No lloraba ni gritaba y recuerdo que llegué y le dije: '¿Qué pasó hija?, cuéntame. Tú viste todo', y ella me dijo: 'Me parece que puedo recordar algo, era una camioneta verde, algo así' y entonces como que reaccioné. Le respondí que se mantuviera tranquila, que no se preocupara. 'No te muevas, vas a estar bien, aquí quédate con tus hermanos', se quedó callada, seria. Salí y le hablé a mi jefe, un sacerdote que no me contestó porque estaba celebrando misa, y enseguida empezaron a llamarme del periódico. La jefa de información, los compañeros, y al rato llegó una agente, me pidió que me metiera a la casa, le dije: 'Yo quiero estar aquí', me dijo que no. Yo quiero estar aquí.' Y me metió."

Al lugar llegaron los agentes ministeriales, los reporteros, los amigos de Armando. Después de eso, fue todo un caos.

El asesinato

Datos de la Policía Ministerial y de medios informativos locales y nacionales, indican que el homicidio del periodista fue alrededor de las 8:00 a.m. en la cochera de su domicilio, ubicado en calle Río Danubio, casi esquina con avenida 21 de Marzo, en la colonia Nogales, de Ciudad Juárez, considerada durante mucho tiempo, sobre todo durante la década de 2000 a 2010, como una de las ciudades más violentas del mundo, en el estado de Chihuahua.

José Armando Rodríguez Carreón, de 40 años, se disponía a sacar el vehículo, un Tsuru Nissan propiedad de la empresa periodística, cuando otro automóvil le bloqueó el paso. De ese vehículo, al parecer una camioneta color verde, descendió un joven sicario, quien disparó en diez ocasiones una pistola calibre 9 milímetros. Todos los orificios quedaron en la zona torácica, así que se cree que el periodista murió instantáneamente.

Otras versiones indican que Rodríguez se inclinó hacia donde estaba su hija Jimena, para protegerla. Si así lo hizo, lo logró. Aunque el matón dio en el blanco en cada uno de los disparos, y salió de ahí sin prisas ni problema alguno.

Ese mismo mes, El Choco y siete periodistas de *El Diario de Juárez* fueron amenazados de muerte. Él mismo tuvo que buscar refugio en El paso, Texas, Estados Unidos, luego de recibir amenazas directas originadas, aparentemente, por sus labores como reportero de hechos violentos. Dos meses duró su autoexilio del otro lado de la frontera para luego, terco en su pasión, regresar a la redacción del rotativo.

Le decían Choco por su tono de piel. Nació en el municipio de Camargo, de esa entidad, y ese 2008, uno de los más violentos que ha vivido esa región del norte del país, había reporteado alrededor de mil asesinatos, en su mayoría con armas de grueso calibre y relacionados con las pugnas entre los cárteles del narcotráfico.

Ese día, de acuerdo con información publicada en diferentes medios, le daría seguimiento al homicidio de dos comandantes de la Policía Estatal, cuya información fue publicada como nota principal en la edición de ese día de noviembre. Al día siguiente la principal en la portada del diario era otra, una muy diferente: una en la que él era el protagonista.

Rodríguez nació en junio de 1968 y en 1986 emigró a Ciudad Juárez para estudiar la licenciatura en Ciencias de la Comunicación, en la Facultad de Ciencias Políticas y Sociales, de la Universidad Autónoma de Chihuahua. Egresó en 1991. Ya antes, en 1987, trabajó en la televisora Canal 44 y luego lo hizo en el Canal 56, también de esa región chihuahuense. Poco después, en 1992, incursionó en el periodismo escrito y luego entró a *El Diario de Juárez* –donde estuvo en dos periodos– y ahí se quedó hasta terminar... su vida.

Un mes después de su asesinato, en diciembre, el también periodista y escritor Alejandro Páez Varela, también de Ciudad Juárez, publicó en *Letras Libres*:

> Dos días antes de que Armando Rodríguez, El *Choco*, fuera asesinado, dos individuos mataron a un payasito que pedía limosna en una esquina de Ciudad Juárez. Imagino el diálogo en la camioneta Lobo del año; seguramente uno le apostó al otro una cerveza o un cigarro: "A que no lo matas", "A que sí." Y, pum, el disparo. El payasito cayó sobre su sangre. Y ya. Una nota en alguna página. Una mención en algún parte policiaco. Cero investigación. Este es el México que vivimos. Este es el México que dejará Felipe Calderón porque no está claro hacia dónde va la estrategia, si es que la hubo, o la hay.
>
> Mataron al *Choco* y dejaron viuda a Blanquita y huérfanos a tres infantes. ¿Quién fue? ¿Por qué? Un hombre bueno no merece un final tan triste. Un periodista

honesto y valiente (que no vivía de filtraciones y "documentos de inteligencia" sino de periodismo en el campo de batalla) merecería no los aplausos, tan sólo la vida. Lo mataron en Juárez y les digo: mañana vienen por usted y por mí, en donde estemos. Porque nadie puede detenerlos. Porque no queda claro en dónde están los asesinos: si se esconden en las oficinas de gobierno o en casas de seguridad, ¿qué importa?, para el caso es lo mismo. Lo mataron y las esquirlas alcanzan la frente de cada hombre honesto en este país.

Por qué

"Ha sido un poco difícil, pero a la vez hemos podido salir adelante. Mis hijos son tres y han estado bien, dentro de lo que cabe. Aunque siempre con la añoranza de su papá, pero hemos estado bien, los primeros años fueron difíciles por muchas cosas, por vivir el duelo, enfrentarnos a una nueva forma de vida, por los trámites que hubo que hacer, las situaciones que hubo que enfrentar con el caso", cuenta Blanca Alicia Martínez de la Rocha.

Es Blanquita, así le llaman de cariño. Incluso quienes no la conocen, llegan a quererla con tantas buenas referencias que se dicen de ella por todos lados. Está al frente del periódico *Presencia*, de la Diócesis de Ciudad Juárez, desde hace dieciséis años, aunque ha trabajado en medios de comunicación, entre ellos la televisión –Canal 56–, donde conoció al Choco, con quien ya se había encontrado cuando estaban en la universidad.

"Es un cambio total. Los niños dentro de todo se ajustaron bien en la escuela, sobre todo las niñas que son las más grandes. No se descontrolaron en cuanto a su rendimiento académico. En cuanto a lo emocional, ha sido difícil pero hemos salido adelante con la ayuda de mucha gente, de mi familia, de mis papás y amigos. Nosotros somos personas de fe y creemos que Dios nos ha sostenido en este camino", manifestó.

Blanca recuerda que cuando colaboraba para Televisa la invitaron a trabajar en *Presencia* y estuvo en ambos empleos al mismo tiempo, hasta que nació su hija, la mayor. Entonces se quedó sólo con la chamba que mantiene en la diócesis.

La mayor se llama Jimena, y tiene catorce años. Le sigue Ghalia, así, con la h después de la g, y hoy tiene doce años. Elías es el más pequeño, con ocho años.

—¿Cuál ha resentido más la falta de su papá?

—Los tres en diferentes formas. Porque cada uno de ellos es distinto. La mayor, Jimena, estaba en el auto cuando le dispararon a Armando. Entonces ella en los primeros años tuvo momentos de arranque, como ataques de llanto, pero nunca expresó tristeza o dolor o coraje. Porque como que es más hacia adentro, es su personalidad.

"La de en medio era muy apegada a Armando siempre, desde chiquita. Tenía seis años cuando murió su padre y desde chica expresó siempre su tristeza, y cuestionaba por qué alguien mata a una persona: '¿Por qué los policías no detienen a las personas que son malas?', siempre cuestionando y expresando su tristeza... 'Extraño a mi papá', llegó a comentar '¿por qué no está aquí?'"

Y poco a poco van avanzando: "...a la mayor, por ejemplo, hubo un tiempo en que le hablabas de Armando y se molestaba, se irritaba. Con el tiempo empezó a decir

'¿Te acuerdas cuando mi papá esto?, ¿cuando íbamos juntos con mi papá a tal parte…?'"

El pequeño Elías tenía dos años cuando pasó todo: "Mis hijas estuvieron en terapia grupal el primer año, después del asesinato. No tuvieron en ese momento terapia individual y el pequeño estaba chiquito, a él lo llevé hasta que cumplió cuatro años, cuando entró al kínder, los llevé a los tres a un taller de duelo: son talleres que ofrece una organización que surgió de la iglesia en Juárez y que trabaja el duelo con adultos y niños."

La madre de los tres cuenta que el pequeño empezó a tener muchas alusiones a la muerte en la escuela. A sus compañeros les hablaba de los asesinatos y de que a su padre lo habían matado a balazos. La maestra se lo dijo a Blanca: "Está hablando mucho de la muerte, les dice a sus compañeros que a su papá le dispararon y creo que los otros niños se asustan", el niño estaba un poco inmaduro en su comportamiento, en su destreza individual, su rendimiento académico, "por eso lo llevé a terapia".

Elías estaba muy pequeño cuando su padre recibió los diez balazos. Pero el entorno de llanto y dolor, el encierro de sus hermanas, el infierno que cargan por dentro y que él percibe, y las conversaciones en torno a la ausencia de su padre, han hecho que también él esté salpicado de eso que no vivió tan fuerte como sus hermanas, en su momento, pero que ahora le cobra facturas.

"Empezaba también a llorar. Si le exigía algo, me decía: 'Quiero a mi papá', y la terapeuta me dijo que usaba eso para tener un impacto emocional, llamar la atención y chantajear. Porque ve a sus hermanas y conoce el entorno, lo usa como forma de chantaje, como para escudarse y no hacer lo que le toca. Pero finalmente él necesita a su papá y lo quiere, y ahora tiene ocho años y dice que quiere a su padre de regreso", señaló.

Ella habla con él. Le dice que eso no es posible, pero que hay que echarle ganas, salir adelante, continuar juntos y apoyarse. Recordarle, asegura, es una forma de traerlo. Pero él, Armando, El Choco, el padre de esos tres, no volverá.

—Ahorita las niñas están yendo a terapia individual, la mayor se ha mostrado más reticente. Ha sido más difícil para la terapeuta hablar con ella o que ella se abra y se exprese, veo ese impacto en ella.

La de en medio también, pero ambas son como tímidas, más hacia dentro. En general, en la escuela están bien. Jimena participó fuerte para asistir a la Olimpiada del Conocimiento, en sexto año. Ella es dedicada, muy responsable. La de en medio, Ghalia, también. El chiquito es inquieto y medio disperso. Los tres van al Instituto Teresa de Ávila, una escuela de religiosas. Ya la grande está por graduarse de la secundaria y también ahí, al principio, fue muy importante el apoyo que tuve y tuvieron las niñas en la escuela, con las religiosas. Las apoyaron y cuidaron, estuvieron al pendiente de que los compañeros conocieran el caso y que no los fueran a lastimar con una conversación relacionada con la muerte de su papá, y también sus compañeros fueron muy buenos y comprensivos.

Blanquita solloza a ratos. Moquea porque los fluidos se le insubordinan, la traicionan y terminan asomando más allá de las fosas, en contra de su voluntad. Duele el pasado porque para ella es presente y futuro. Duelen los tatuajes internos porque por dentro el infierno es un invierno lluvioso y frío, que no deja a Jimena expresarse y sacar ese dolor añejado, y que Ghalia deje de preguntarse por qué ganan los malos, por qué no son detenidos, por qué la gente mata y no pasa nada.

–¿Algo que recuerdes que haya dicho Jimena, no sólo ese día sino después, y que sea representativo de la tragedia que le tocó vivir?

–No, nada. Ella jamás volvió a mencionar esto, cuando hablaba de su padre; los primeros dos años se irritaba, creo que por el dolor, pero desde ese momento no ha vuelto a decir nada, y tampoco le he querido preguntar. La terapeuta me ha dicho que no ha tenido ocasión de abordar el tema por cómo está Jimena. Entonces, con la terapeuta que estuvieron el primer año, cuando iba a terapia de grupo, una vez quiso preguntarle a Jimena, abordar el asunto, me explicó después la terapeuta. Jimena dijo: "No quiero hablar de eso", y lo respetó y continuó. Ella no ha tocado ese asunto y pues nosotros tampoco, ni a través de las terapeutas. Pero hay que darle su tiempo, aunque ya lleva seis años así.

Sobre Ghalia la historia es diferente. Aunque en general tiende también a instalarse dentro de sí misma, igual que su hermana mayor, también se inclina por expresarse, pero sobre todo a cuestionar todo a su alrededor y más cuando se trata de su padre, y de esos temas sensibles, dolorosos como la muerte, el asesinato, la impunidad y el imperio del mal.

"Ella recién que pasó todo cuestionaba mucho. Por ejemplo me llegó a preguntar: 'Por qué alguien mata a otra persona, ¿por dinero?, ¿pero por qué no lo consiguen de otra forma?' O sea, le parecía absurdo, ilógico, ¿por qué?, ¿por dinero?, ¿cuánto les dan para actuar así?, ¿o por qué la policía no detienen a las personas que son malas?, eso sí lo ha dicho... o dice que cuando sea grande, quisiera ser presidente para poner control en todo y poner orden en la ciudad, que sí haya seguridad en beneficio de la gente.

–¿Ellas están conscientes del ambiente de impunidad y la violencia y de lo que hacía su papá?

–Ellas saben que lo que le pasó a su papá fue por su trabajo. Yo estoy convencida de que a alguien no le pareció lo que Armando escribió, dijo, preguntó, y ellas saben que su papá era un periodista dedicado, reconocido incluso.

"Les ha tocado confirmarlo cuando le hacen homenajes, aunque he tratado que no lean lo que se escribe sobre el caso... pero en cuanto a los homenajes de la asociación de periodistas o agrupaciones de periodistas de Estados Unidos. Ellas están conscientes de eso y también saben que hay un clima de inseguridad que las autoridades no pueden controlar y sí cuestionan por qué los culpables no están en la cárcel. Sobre todo Ghalia. La mayor no. Pero sí están conscientes de que la muerte de su papá se debió a su oficio, a su profesión.

Las investigaciones

Casi seis años pasaron para que no ocurriera nada, en el caso del asesinato del periodista juarense. Tuvo la Procuraduría General de la República, a través de la Fiscalía Especializada en la Atención de Delitos contra la Libertad

de Expresión, que atraer el caso para que las investigaciones avanzaran. Esos seis años fueron los que Blanca
espero que le dieran copia del expediente del caso.

Está muy "gordo" le dijeron, como advertencia.
Ella pidió copias y se amarró en su solicitud. Pero los de
la Procuraduría General de Justicia del Estado de Chihuahua se amarraron también en decirle que sí, pero no
cuando. Primero no servía la copiadora, luego largas y
silencio, silencio y largas. Pero nunca se lo entregaron.

–Los primeros años yo no tuve comunicación de
la autoridad. El primer año tenía un abogado que había sido amigo de Armando, que llevó el caso, y que
estuvo en calidad de coadyuvante en las investigaciones
del caso. Una de las veces me dijo que había pedido la
procuraduría que mi hija declarara, porque había estado
a un lado de él cuando lo mataron. Yo le dije que lo iba
a consultar con la psicóloga, y ella me dijo que se podía hacer en un entorno controlado, que no fuera en las
instalaciones de la policía, sino en su consultorio y con
ella presente. Y cuando le comenté al abogado, él fue a
la procu a plantearlo y pasó el tiempo y ya no volvieron
a pedir nada. Luego le pregunté y me dijo que lo habían
dejado de lado.

"Por parte de la procuraduría de Chihuahua nunca recibí noticias. Un Ministerio Público me entrevistó en
mi casa, un día después de lo que pasó, y en diciembre de
ese año me citaron de la PGR, un agente federal, del Ministerio Público Federal, y fui a declarar a la delegación de
la PGR en Juárez, con el abogado. Y después de eso, a ese
Ministerio Público lo mataron, creo que al siguiente año
y creo que su segundo apellido era Limón."

Blanca se refiere a José Ibarra Limón, asesinado a balazos el 27 de julio de 2009. Un mes antes, fue ejecutado a tiros otro policía asignado a las investigaciones del caso del periodista ultimado: Pablo Pasillas Fong.

"Después de eso pasó un año y un día me llamó el que era subprocurador de Justicia, Alejandro Pariente. Yo vivía en casa de mis padres y ahí se comunicó en la noche. Me habló para decirme que periodistas del diario habían ido a la procuraduría a entrevistar a la procuradora sobre el caso y me dijo: 'Te hablo porque no sé qué van a publicar, para que sepas. La procuradora está aquí, en Juárez, y si quieres puedes hablar con ella', entonces le hablé al abogado y le platiqué, y me dijo '¿Sabes qué? No, así no se hacen las cosas, no son las formas.' Pero fuera de eso nunca me hablaron para decirme la investigación va así, hay estos señalados, estas líneas. Nunca, nada."

El abogado le explicó que el caso lo atrajo la PGR, aunque no por los cauces institucionales. Pero el expediente original estuvo siempre en manos de la Procuraduría de Chihuahua, cuya titular, Patricia González, se negaba, de acuerdo con versiones extraoficiales, a canalizar el caso del asesinato de Rodríguez a la autoridad federal, a la fiscalía especializada.

Blanca recordó que en 2010 fue a la Ciudad de México a un encuentro de Reporteros Sin Fronteras, invitada por Balvina Flores, quien se ha mantenido pendiente del caso, Balvina le consiguió una cita con el que era el fiscal de delitos contra periodistas, "me dijo que estaban haciendo unas diligencias, que faltaba hacer una en Juárez para luego girar una orden de aprehensión contra un presunto responsable", eso fue en diciembre de

2011… "en tres meses ya va a estar finiquitado el caso. Y pues no, pasó el tiempo y nada".

Fue el abogado, quien fungía como coadyuvante en las indagatorias del homicidio del periodista, quien pidió copia del expediente a la procuraduría local, pero se la negaron. La segunda vez fue ella quien se dirigió con el subprocurador, Alejandro Pariente, quien le advirtió que el expediente era voluminoso, que si sólo quería copia de las pruebas periciales recogidas en el lugar del crimen.

"Creo que en el 2010, fui a las oficinas de la procuraduría, con Alejandro Pariente, a pedirle el expediente. Hablé con él y me dijo 'Ah, este, pero… ¿quieres nada más las pruebas iniciales, de la escena del crimen, o todo el expediente?, porque es uno así', hizo como si fuera muy grueso, y le dije 'Lo quiero todo.' Mandó llamar a su asistente y le dijo necesitamos una copia del expediente, y al ratito regresó su asistente y dijo: 'No hay copias, no sirve la copiadora. Qué te parece si cuando estén las copias te llamo y vienes por ellas.' Y claro que nunca me llamaron."

Posteriormente llamó una y otra vez preguntando por la copia que le habían prometido. Una funcionaria de la institución le dijo que el documento lo tenía la procuradora, Patricia González. Ella contestó que lo debía tener el Ministerio Público, la institución como tal, no ella como persona. "¿Y entonces qué tengo que hacer?", preguntaba, insistía, reclamaba. "Nada", le respondían: "Hable con el Ministerio Público encargado de las investigaciones, con la asistente de la procuradora o con ella misma." Hable allá y acá. Hable y hable.

De la procuraduría local nunca le llamaron a Blanca para informarle sobre los avances, si es que había, que llevaban las investigaciones.

–Hace dos años, en diciembre, hubo cambios en la fiscalía federal, la de la PGR, y me habló un agente del Ministerio Público para decirme que estaba asignado al caso de mi esposo, que hay una nueva fiscal interesada en que todo se resuelva, y que quería hablar conmigo. Vino el agente del Ministerio Público Federal, de esta fiscalía, y me interrogó. Tomó mi declaración. En esa ocasión él vino a recoger el expediente original de la procuraduría de Chihuahua y se lo llevó a la fiscalía especializada… y hasta él comentó que él mismo se lo llevó.

"Unos meses después, el agente me llamó para decirme que quería entrevistar a los padres de mi esposo, en Camargo. Y lo hizo. Hace poco me llamó de nuevo para decirme que tenía que presentarme en las oficinas de la PGR, que me iban a entregar unas cosas de Armando que estaban en el carro y que no las necesitaban en la investigación, que estaban por terminarla para que se consigne el caso."

"El jueves de la semana pasada –19 de marzo de 2015, días antes de que se llevara a cabo esta entrevista– me habló el agente del Ministerio Público Federal para decirme que ya había consignado el caso al Juzgado Cuarto de Distrito, con sede en Ciudad Juárez, pero no sé cómo está el caso. Estoy en la Comisión Ejecutiva de Atención a Víctimas, donde dan terapia a mis hijas, y el viernes hablé con la abogada de la comisión para pedirle que revisara la consignación."

La consignación

El 25 de marzo, la periodista Lucy Sosa publicó en *El Diario de Juárez* la nota de la consignación del expediente penal del asesinato de José Armando Rodríguez, El Choco, más de seis años después de su ejecución:

> El juez Cuarto de Distrito giró órdenes de aprehensión contra José Antonio Acosta Hernández, apodado "El Diego" y Juan Alfredo Soto Arias, alias "El Arnold", quienes aparecen como probables responsables del delito de homicidio calificado ocurrido hace seis años, en perjuicio del periodista de *El Diario*, José Armando Rodríguez Carreón, dentro de la causa penal 23/2015-II.
>
> El martes pasado, agentes del Ministerio Público Federal cumplimentaron la orden de aprehensión en contra de Juan Alfredo Soto Arias, preso en el penal de Aquiles Serdán en la ciudad de Chihuahua, donde purga varias sentencias por homicidio, dio a conocer Laura Borbolla titular de la Fiscalía Especial para la Atención de Delitos cometidos en contra de la Libertad de Expresión (FEADLE).
>
> [Laura Borbolla] informó que apenas el pasado martes fue cumplimentada la orden de aprehensión, en reclusión, de Juan Alfredo Soto Arias, ya que se encuentra preso en el penal de Aquiles Serdán en la ciudad de Chihuahua, donde purga varias sentencias por su participación en las masacres del bar Amadeus y Villas de Salvárcar.

El otro acusado, José Antonio Acosta Hernández, se encuentra recluido en Estados Unidos y purga sentencias de cadena perpetua por homicidio.

"Queda abierta y por cumplimentar –vía extradición– la orden de aprehensión contra 'El Diego'", informó la fiscal.

La Fiscalía Especial para la Atención de Delitos cometidos contra la Libertad de Expresión atrajo en agosto de 2013 la carpeta de investigación 28882/08 y abrió la averiguación previa 085/FEADLE/2011 por el delito de homicidio calificado, la cual fue consignada el 18 de marzo ante el juez Cuarto de Distrito con sede en Ciudad Juárez, dijo Borbolla.

Afirmó que a Armando, conocido como "El Choco", lo asesinaron por su labor periodística y el crimen fue ordenado por el líder de "La Línea", el ex agente estatal José Antonio Hernández.

En el crimen presuntamente participó una célula de este grupo delictivo integrada por Julio Gómez, quien supuestamente se suicidó el 2 de diciembre de 2014 en el Cereso Estatal, así como el policía municipal Hugo Valenzuela Castañeda, alias "El Vale" o "El 3", quien fue estrangulado dentro de su celda el pasado 8 de julio del 2010, donde estaba recluido por robo de vehículo.

"Ya se consignó la averiguación previa que teníamos aquí relacionada con el homicidio de Armando, dejamos un triplicado abierto por algunas otras personas que pudieran quedar como posibles implicados y que pertenecen a la célula de la delincuencia organizada que participó en este hecho", dijo la fiscal.

Desde el inicio de la investigación en perjuicio del periodista de esta casa editora, las autoridades han hecho públicas versiones contradictorias, sin embargo, sostuvieron como principal línea de investigación la autoría del crimen por parte de Hernández Acosta, cuyo abogado prepara la defensa legal, dio a conocer el profesionista que momentáneamente pidió la reserva de sus datos generales.

"A Armando lo mataron, según los testigos del entorno laboral y uno de los probables responsables que fue declarado con la asistencia de su abogado, porque había molestado a la organización delictiva 'La Línea'. A los sicarios y los 'halcones' los había descubierto a través de varios reportajes y eso los hacía vulnerables ante las autoridades locales y federales", dijo la titular de la FEADLE.

"A través de los reportajes publicados en *El Diario* generaron molestia en los líderes, uno de ellos era 'El Diego' y llega la instrucción a una de las células de sicarios, los que ejecutaron la acción eran multifuncionales en la pirámide de la delincuencia organizada, lo mismo vendían droga, que robaban vehículos o extorsionaban o halconeaban", agregó.

"Lo complicado de la investigación fue que varios de los que pertenecían a esta organización en su momento eran policías y contaban con información de cómo operaban las autoridades estatales y federales, de tal suerte que eso hacía bastante más fuerte a este grupo criminal", dijo.

Explicó que la molestia de ellos fue que Armando, con su labor periodística, escribió estas complicidades y modos de operar y de una serie de hechos que molestaron a estas cabezas o jefes de 'la Línea' que operaba en Juárez en esa época", declaró la fiscal.

La carpeta de investigación abierta aquí por la Unidad de Delitos contra la Vida, contiene la declaración de Hugo Valenzuela y cita: al periodista al que le decían "El Choco" lo mandó matar "El 11" o Evaristo Rodríguez, cuñado de "El Diego". El motivo de la muerte de "El Choco" fue por hacer muchas notas periodísticas en contra de "La Línea".

Agrega: El que materialmente mató a "El Choco" fue un individuo que le dicen "El 6" o "El Junior". En este homicidio participó "El Arnold" o "El 7" en calidad de *halcón* quien es amigo del "Junior" y a quien le falta la oreja izquierda. "El Junior" también habla por teléfono para extorsionar a los dueños de los comercios.

Y añade: "El Junior" se llama Julio y yo lo tengo en mi agenda con el contacto de "Preciado".

Por qué

"Pienso que pasó eso, no sé quién ni tengo detalles, pero sí estoy segura que fue por algo que Armando publicó o investigaba o comentó. Tú sabes, a los reporteros les hablan policías o tienen sus contactos o malandrines, etcétera… algo de su trabajo causó una molestia y por eso lo mataron, eso es lo que creo. No podría aventurarme a decir más, pero fue por su trabajo", manifestó Blanca.

—Y a pesar de eso, ¿vale la pena hacer periodismo en este país?

–Sí, creo que es imprescindible. Me preguntaban también unas reporteras que me entrevistaron si le hubiera dicho que se saliera, porque había recibido amenazas y sabía que la situación era muy difícil. Ese mismo año recibió una amenaza, me enseñó el mensaje que le mandaron. En el 2008 también le mandaron otro, ése no me lo enseñó pero habló con sus jefes del periódico y con la procuraduría.

"'¿Tú nunca le dijiste que dejara ese trabajo?', me preguntan. Pero en realidad te puedo decir que Armando realmente amaba su trabajo. Le gustaba mucho, lo hacía con pasión, se entusiasmaba por ser un reportero policiaco, lo reconocían como el más experimentado. Tenía como dieciséis años en la fuente policiaca, diez de ellos en *El Diario*", afirma Blanca.

"Cubrió primero en *El Norte*, se fue a *El Diario*, se salió y regresó a *El Norte*, y volvió a *El Diario*. Pero siempre cubrió la policiaca, le apasionaba."

Blanca no lo duda. Sabe que si hubiera sido otro el reportero ultimado a balazos, como pasó con él, estaría investigando el caso. Igual que investigó los feminicidios, cuando le tocaron, y otros asesinatos. Cuando iban reporteros de otras regiones del país o del extranjero, era a él a quien buscaban para que los auxiliara y explicara cómo estaba todo en juaritos.

–Igual, si se me hubiera ocurrido decirle que lo dejara, no lo hubiera hecho. Alguna vez pensó en dejar la fuente por un tiempo, como que también reconocía que se ponía la situación muy tensa. Y alguna vez lo dijo. Le gustaban mucho los deportes y la música, la cultura. Pero no, finalmente siguió en la policiaca.

"No sé a quién señalen de culpable, pero finalmente Armando no está. Procuro pedirle a Dios por el arrepentimiento de esas personas, por la que le disparó o por la que pidió que mataran a Armando, por todos los que participaron en su asesinato. Que se arrepientan porque hicieron un daño muy fuerte, muy grave."

–Es obvio que tú también estás herida.

–Me siento de cierta forma incompleta, porque me hace falta Armando: necesito que esté aquí para ayudarme a criar a mis hijos, necesito que esté aquí para ellos, para mí. Y sí, me siento incompleta, pero por otra parte sé que puedo salir adelante y así me he esforzado por sacar adelante a mis hijos y darles la guía y educación que Armando y yo quisimos para ellos.

"Fueron catorce años de casados y eso pesa. Con la ayuda de Dios, de mi familia y de mucha gente que nos ha apoyado siempre, estoy bien, me siento fuerte, pero sí reconozco que me hace falta Armando. Por supuesto que me hace falta."

Las tres muertes de Sandra Luz

Sandra Luz buscaba a su hijo, Édgar, levantado por hombres armados, en su casa, en Culiacán. Ella siguió su olfato e instinto. Se dedicó a buscarlo, a hurgar bajo las piedras y del otro lado de la hiedra. Preguntó casa por casa, con el pretexto de la venta de productos Avon. Indagó. Hizo las veces de policía y detective. Protestó, sí. En la calle y las plazuelas, frente al gobierno. Pidió audiencias que nunca le concedieron. Y de tanto insistir logró dar con nombres y posibles causas. Y eso la llevó a la muerte: buscando una pista que le permitiera encontrar a Édgar, acudió a una cita y fue asesinada de quince balazos, en la colonia Mazatlán, de la capital sinaloense.

Sus tres muertes, la de su hijo, la de ella y la de la justicia, las cargan ellos, quienes le sobreviven. Entre ellos está Cristian, el mayor, quien perdió todo, con sus hermanos, cuando fue la desaparición de Édgar, y volvió a perderlo cuando su madre fue ejecutada. Ahora empieza de cero y no se acostumbra a tanta muerte ni a tantas ausencias. Su hermano lo era todo, su madre más. Y ahora que el único detenido por este homicidio fue dejado en libertad "por falta de pruebas", todo se le viene encima.

Y no empieza de cero. En otra ciudad, sin la empresa que tenía ni el barrio ni esa ciudad ni sus parientes y amigos. Lejos de Culiacán y del estado, igual que sus hermanos, quienes viven en diferentes zonas del país, como migrantes ilegales en un mundo impune e injusto, temiendo ser encontrados, porque saben que en Sinaloa, como en cualquier parte de México, no hay ley. Por eso empiezan de menos cero. Si estaban atrás, reiniciaron de más atrás todavía para recuperarse, mantenerse, sobrevivir, y en medio de toda la bruma de descomposición social y apocalipsis, de tanta muerte, exigir justicia, aunque sepan, como lo dijo Cristian, que "contra la mafia no se puede".

Ojos tristes

Ojos cansados. Una noria alrededor de sus párpados, de noches insomnes y un llanto ya seco. Sus ojos hablan más que su boca, ya parsimoniosa, ya lerda y con menos disparos: pero sus palabras salen y hacen daño y son tercas y tienen vida, como esa que ella busca en el destino de su hijo, Édgar.

Él trabajaba en la Procuraduría General de Justicia del Estado y estaba adscrito al despacho del procurador, Marco Antonio Higuera Gómez. Fue su compensación luego de haber participado en la campaña del actual gobernador, Mario López Valdez. Cuando el procurador fue cuestionado por reporteros sobre la desaparición del joven, el funcionario dijo que sabía que el joven portaba dólares, que cambiaba por pesos, y tenía una camioneta de modelo reciente, a pesar de que su salario en la PGJE no daba para eso.

Su madre supo de estas declaraciones del procurador. Le contestó que si sospechaba de su hijo, por qué no lo investigó. Y si tenía dudas, por qué lo tenía trabajando en su despacho. Y si había cometido un delito, por qué no lo castigaron. Pero no. Ahora el joven está desaparecido y ella muerta. Ella y esos ojos de tristeza profunda, de cansancio y desesperanza, y tanta cotidianidad descompuesta en su vida.

Con familiares de otras víctimas de asesinatos y desapariciones, participó en plantones, mítines, marchas y actos públicos para exigir justicia. Lo hizo con dirigentes de la Comisión de Defensa de los Derechos Humanos (CDDHS), Óscar Loza Ochoa y Leonel Aguirre Meza. Pero por su cuenta, indagaba. En ocasiones, puerta por puerta. Con foto en mano, dando señas, guardando esperanzas ya en sepia, atisbando a un futuro muchas veces postergado, gritándole a un horizonte que no sólo no llegaba, sino que parecía alejarse más y más, conforme ella avanzaba, caminaba e intentaba llegar.

En las audiencias, tanto con jefes policiacos como con el procurador, les dio nombres y pistas. Datos que ella había logrado encontrar paso a paso. Llegó a decirles dónde estaban algunos de los involucrados, testigos que podían dar nuevos indicios. Pero la policía no se movió. Por eso, a empujones, ella siguió por su cuenta. Y si a alguien presionó fue al gobierno, al mismo que no movió un dedo para hacer justicia y cuando lo hizo, una vez que ella fue asesinada, fue para simular que esclarecían un homicidio, y de paso juzgarla.

El levantón

La noche del 12 de febrero de 2012, Édgar, de 24 años, llegó a casa de sus padres y avisó que no podría quedarse a cenar. A cambio, le pidió a su madre que le diera lonche para él y otras tres personas, porque tenían trabajo. Salió de la casa de Sandra Luz, en la colonia Antonio Toledo Corro, con destino a su casa, ubicada en la colonia Progreso. Y ya no supo más de él.

Versiones extraoficiales indican que hombres armados llegaron a su casa y dispararon con fusiles automáticos AK-47, conocidos como cuernos de chivo. En el lugar, los agentes de las diferentes corporaciones encontraron restos de sangre, pero del joven nada.

Otras fuentes indicaron que horas antes llegaron desconocidos para avisar a los vecinos del sector que habría problemas, que más tarde llegarían hombres armados y que mejor se metieran a sus viviendas. La advertencia se cumplió: llegaron, balearon la casa de Édgar y la camioneta, y al parecer se lo llevaron.

Información de Sandra Luz y de la Comisión de Defensa de los Derechos Humanos (CDDHS) indican que sumaron alrededor de veinte los jóvenes levantados ese día en ese sector. Aunque una de las versiones iniciales indica que sólo fueron cuatro.

Édgar Guadalupe García Hernández había participado en la campaña de Mario López Valdez, entonces candidato a la gubernatura, y quizá por eso le dieron un puesto en un programa de valores, junto al despacho del titular de la Procuraduría General de Justicia, Marco Antonio Higuera Gómez.

Cuando la madre, entonces de 50 años, fue a denunciar la desaparición a la procuraduría y se entrevistó con Higuera Gómez, éste le respondió que no lo conocía, pero que tenía información de que su hijo cambiaba dólares y que no se explicaba con qué dinero había comprado la camioneta Tacoma.

"El procurador me preguntó si sabía con qué dinero había comprado mi hijo su camioneta, y si sabía yo que él andaba cambiando dólares, y yo le contesté: '¿Qué me quiere decir? ¿Qué mi hijo es un delincuente? Entonces traía trabajando a un delincuente con usted.' Pero no me importa, yo lo parí, es mi hijo y quiero saber de él, y si es culpable que lo juzguen. Si hizo algo que lo castiguen con la ley, pero no de esta manera", manifestó Sandra, molesta, a *Ríodoce*, días después del levantón.

Fue justo un año antes. 12 de febrero, de por sí funesto en una historia como muchos días 12 y todos ellos con muerte marcada, pero de 2011. Sicarios entraron a la casa de un amigo de Édgar y lo levantaron. Horas después apareció muerto a balazos.

"Era un chavo vecino de Édgar, muy pero muy amigo de él", señaló una fuente cercana al caso, en una nota publicada en el semanario *Ríodoce*.

La mamá de ese joven asesinado —agrega la publicación— les decía insistentemente a los amigos que tenían que vengarse. Algunos de los conocidos, vecinos y amigos coincidían en esta posibilidad, y aparentemente eso llevó a Édgar Guadalupe y a otros jóvenes a levantar y mantener cautivo a una persona supuestamente relacionada con el homicidio de su amigo, identificada, de acuerdo con versiones extraoficiales, como Gabriel Valenzuela, hermano de Joel y Jesús.

Y justamente a él fueron a rescatar los homicidas y a castigar a quienes lo tenían incomunicado, al parecer en la casa del hijo de Sandra Luz, en la colonia Progreso. Y desde entonces no se sabe nada de Édgar, a quien autoridades lo implican con otros delitos, entre ellos secuestro, robo y asesinato.

Los implicados

Desde que su hijo desapareció, Sandra Luz Hernández lo dijo una y otra y otra vez: las personas que lo tenían en sus manos o sabían su paradero son los hermanos Gabriel y Joel Valenzuela, con domicilio en la comunidad de Paredones, al norte de esta ciudad capital.

Y a pesar de su insistencia después de aquel 12 de febrero, en que fue visto por última vez Édgar Guadalupe Félix Hernández, nadie los detuvo. Ni siquiera fueron citados a declarar ante el Ministerio Público, con todo y que son sabidas sus actividades ilícitas en el Cártel de Sinaloa, supuestamente en una de las células de Joaquín Guzmán Loera, El Chapo, ex líder de esta organización criminal y hoy preso en el penal de máxima seguridad del Altiplano.

De acuerdo con información extraoficial, al menos uno de ellos, Joel, está involucrado en la desaparición de otra persona de la colonia Progreso, durante la jornada violenta en que fue privado de la libertad Édgar.

Sandra Luz lo dijo. Lo gritó. Golpeó las puertas, los escritorios, retumbó paredes y muebles de las frías oficinas de la Procuraduría General de Justicia del Estado (PGJE), el Ministerio Público, la Policía Ministerial del Estado, y cuanto servidor público estatal o federal la escuchó: fueron ellos.

No iba a callarse. Seguiría buscando, tocando puertas, gritando, espetando y exigiendo, con esa voz claridosa, de relámpago en medio de la oscuridad, por su hijo. Hasta que la mataron. Y fue justamente un día 12, pero de mayo de 2014, cuando la mataron de quince balazos en la colonia Benito Juárez, también conocida como Mazatlán, en esta ciudad capital.

La emboscada

Sí, también fue día 12, pero de mayo de 2014. Al respecto, *Ríodoce* publicó:

> A Sandra le habían encontrado el flanco débil. Era normal, casi un asunto de sobrevivencia y emergencia, que si le llegaban por el lado de su hijo desaparecido iba a revirar: le llamaban por teléfono, le ofrecían información a cambio de dinero, la abordaban en la calle, en su casa, donde fuera, y ella siempre atendía y a todas acudió.

Lo sabían sus enemigos, los que ella señalaba y que en sus pesquisas, las que realizó al margen de la policía, del Ministerio Público y de la procuraduría, había obtenido indicios de importancia, como el nombre de los posibles captores y asesinos de Édgar.

Dicen sus familiares, conocidos y otros activistas, que por eso seguía vendiendo productos Avon. Eso le garantizaba visitar casa por casa, conversar con la gente y aprovechar cada resquicio, plática, asomo, para hurgar, indagar, esculcar, preguntar por su hijo. También eso lo sabían quienes la seguían.

Esa mañana fue citada en la procuraduría. Acudieron ella y otra madre de un desaparecido. Tarde, pero avisaron a Óscar Loza Ochoa, de la Comisión de Defensa de los Derechos Humanos Sinaloa (CDDHS), quien habitualmente las acompañaba, pero éste ya no pudo asistir, además de que extrañamente no fue convocado. Aparentemente había avances en las investigaciones, aunque de eso no se sabe nada.

La cita fue alrededor de las once horas. De ahí salieron cerca de las trece horas y permanecieron alrededor de una hora en el plantón y huelga de hambre que mantienen pepenadores de la Cooperativa Progreso, frente al Palacio Municipal, por la avenida Obregón. Algunos de los manifestantes advirtieron que un hombre de aspecto joven, con cachucha y de tez morena, estuvo en la acera de enfrente, por la misma avenida, siguiendo los pasos de Sandra Luz. Así se lo comentaron a Miguel Ángel García Leyva, asesor legal de los pepenadores.

Ahí recibió la llamada telefónica. Un día antes, en el centro comercial Plaza Sur, ubicado por la avenida Manuel Clouthier, una mujer, cuyas características se desconocen, la abordó. Le dijo que tenían información de su hijo, que le llamarían para verse y platicar. Esa sería la llamada a su celular, frente al plantón. Una persona que iba con ella y cuya identidad se mantiene en reserva por su seguridad, la acompañó hasta donde fue citada: colonia Mazatlán.

Ambas caminaban por las calles de este sector, también conocido como Benito Juárez. Tomaron la avenida 30 de Septiembre, a pocos metros de la transitada calle Constitución, cuando una camioneta blanca se les emparejó, de ésta descendió un joven de mediana estatura, quien rápidamente se puso una capucha, sacó un arma y disparó en contra de Sandra Luz. Fueron quince las heridas de bala. Saña inaudita, para que no quede duda del remitente ni de la firma ni del mensaje. Todavía en el suelo, ya sin vida, siguió recibiendo balazos.

Su acompañante corrió cuando vio al sicario que se ponía la capucha. No sabe cómo sobrevivió ni cómo alcanzó a marcar a quienes eran cercanos a Sandra Luz, como Óscar Loza, para avisarles que había sido asesinada.

Cuando lo detuvieron, Jesús Valenzuela, al parecer hermano de los otros dos señalados por Sandra Luz, alegó que tenía miedo, porque la activista y madre de Édgar andaba cerca de sus rumbos y temía que lo matara, por eso se adelantó y preparó todo para asesinarla. Casi argumenta haberla ultimado en defensa propia. El procurador dijo que había confesado todo y que iba a ser consignado por feminicidio ante las autoridades judiciales. Confiaba –sus gestos, esa soberbia de su traje y corbata impecable, sus expresiones de sacerdote en el púlpito, así lo reflejaban– en que sería encontrado culpable y sentenciado a muchos años de prisión.

Pero el detenido fue dejado en libertad menos de un año después. El 13 de marzo, sin que los medios se dieran cuenta, Valenzuela alcanzó su libertad, fue exonerado por el Juzgado Noveno Penal. Higuera Gómez calificó este resolutivo como un "absurdo legal" y acusó al abogado Ignacio Acosta Román, cuñado del magistrado José Manuel Sánchez Osuna, del Supremo Tribunal de Justicia, de traficar con influencias para lograr "el milagro" de la liberación del asesino confeso de Sandra Luz.

"Había un defensor de oficio, pasado un mes se designa defensor particular a un abogado 'milagroso', que tiene la característica de ser cuñado de un magistrado y donde no solamente en ese caso, sino en otros, ha tenido la benevolencia de los jueces, de absolver a los imputados y llevarnos a trabajar a otras instancias", sostuvo el servidor público, en una nota escrita por la reportera Miriam Ramírez, de *Ríodoce*.

El funcionario advirtió que iniciarían una investigación contra el abogado y el magistrado, y pedirían también pesquisas al Poder Judicial. Pero nada de eso pasó. El Supremo Tribunal de Justicia no recibió solicitud formal al respecto y el asesino confeso de Sandra Luz Hernández fue liberado sin problema alguno y muy probablemente huyó de Sinaloa.

Levántate, mamá

Y Sandra Luz siguió. Avanzó tanto que se quemó con el fuego y las balas penetraron su humanidad: quince proyectiles atravesaron su cabeza. Se acercó tanto que los homicidas no lo soportaron, por eso decidieron ultimarla.

Se los habían advertido, tanto a ella como a algunos de los activistas que estaban en el caso. Luego de una de esas reuniones, los propios policías ministeriales les comentaron, en corto: "Ya no se metan, está bien cabrón. Más pa dentro está muy grueso."

El viento de esa mañana del 14 de mayo trae la canción "El columpio": "Quiera Dios/ que tu cuerpo se seque/ y que de repente/ se lo lleve el viento…" Sonó al menos en dieciséis ocasiones en el trayecto a la iglesia, luego camino a la casa familiar, en la colonia Toledo Corro, y en el panteón Parque Funerario San Martín. Dicen que Édgar lloraba con esa canción, porque le recordaba a una mujer que lo había dejado. Los de la banda tocaron también "Te vas ángel mío".

La procesión, con hombres y mujeres que portaban prendas blancas y moño negro, fue una flaca y silente protesta. Acaso unos cincuenta asistentes. Los hermanos lo dijeron en la funeraria: ellos también la dejaron sola en esa lucha por encontrar a su hijo y nunca pensaron que todo fuera a terminar con su muerte.

"No sabíamos los problemas que tenía porque nosotros la dejamos sola en su lucha, no teníamos información del caso… tal vez por seguridad de la familia, por eso no la acompañamos", afirmó Sixto Martínez Hernández, hermano de Sandra Luz.

Su hermano menor, Juan Carlos, lo secunda: "Nunca pensamos que esto pasara, menos con esta saña."

—Y si ustedes la dejaron sola, ¿qué esperan de la ciudadanía?, ¿qué le piden?

—Que no nos dejen solos. Que luchen.

Era la hermana más terca, la más luchona; indeclinable, con el nombre de su hijo entre las sienes, con la muesca de su búsqueda en esa mirada triste, de llovizna, cansancio y desesperanza. Quizá por eso su amiga Neris la describió en el entierro como una heroína y todos la despidieron con una ráfaga aplausos que no se movió de ese rincón del parque funerario. Tal vez por eso uno de sus hijos le decía, aferrado al ataúd, que se levantara, que él se iba en su lugar, porque ella no merecía estar ahí.

"Mamá, levántate. Levántate amá. Yo me voy por ti, a mí me lo hubieran hecho. De perdida te hubieran dado el cuerpo de mi hermano, para que te fueras feliz."

Contra la mafia no se puede

Cristian toma el teléfono. Desde que su hermano Édgar fue desaparecido y se le involucró con hechos delictivos, temió por su vida. Él y sus dos hermanos –de cuatro que son en total– andan de migrantes ilegales, no temiendo que los encuentre el Instituto Nacional de Migración (INM), sino los mismos que se llevaron a su hermano, mataron a su madre y siguen libres. Ellos, la mafia y el gobierno, afirma, son lo mismo. Y contra ellos no se puede.

Desde que pasó lo de su hermano y luego lo de su madre, asesinada a tiros en Culiacán, la Procuraduría General de Justicia del Estado torció las indagatorias: era evidente que se buscaba proteger a los asesinos, evitar que fueran sentenciados y garantizarles impunidad y libertad para seguir delinquiendo.

Por eso se fueron. Y se llevaron al padre con ellos. Desde algún lugar del país o quizá del extranjero, Cristian atiende el teléfono celular. Ya lo había hecho para atender a Miriam Ramírez, periodista de *Ríodoce*. La frase "contra la mafia no se puede" es de él y sale desde muy adentro, donde cohabitan el destierro, el dolor, la impotencia y el coraje. Con este gobierno, el de Mario López Valdez, no habrá justicia. Lo saben. También dice: "Primero nos pisotearon todo lo que pudieron y ahora salen con esto", recrimina el hermano de Édgar.

Tristeza, impotencia, coraje, son los sentimientos que Cristian describe; los cuenta en ese orden y explica el porqué de cada uno: a su hermano lo desaparecieron, a su mamá la asesinaron, a ambos los juzgaron. Ninguno ha recibido justicia.

Y es que Cristian no olvida que cuando la Procuraduría inició la investigación sobre el asesinato de su madre había elementos suficientes para detener al culpable y a varios implicados que también se relacionaban con la desaparición de Édgar.

Pero de repente, la historia dio un giro y de un día a otro, la familia de Sandra Luz escuchaba sorprendida al Procurador, Marco Antonio Higuera Gómez, declarar ante medios de comunicación nacionales que el presunto asesino había reaccionado casi en defensa propia, por temor a que Sandra Luz lo matara primero.

También le escucharon decir que Édgar había participado en el secuestro, homicidio y robo de Manuel Alonso Ruiz Haro en 2012, un mes antes de su desaparición.

"En la investigación desde un principio había muchas pruebas, de eso fueron testigos personal de Derechos Humanos, tenían muchas pruebas para jalar a mucha gente, yo pensaba que iba a ser una investigación real y de un momento a otro, cuando presentan a este tipo como detenido cambió toda la versión que tenía el Procurador", recuerda Cristian.

–¿Temen represalias a partir de que esta persona queda libre?–, se le pregunta a Cristian.

–Desde que nos dimos cuenta de que el Procurador estaba completamente del lado de ellos, que estaba favoreciéndolos en todo lo que podía, nosotros mejor nos retiramos porque no tenemos los medios para hacerle frente a la mafia, y en este caso al Procurador tampoco, no es posible.

–¿Ustedes ven al Procurador en su contra?

–Completamente. Cuando presentan a este tipo que salió, cambió toda la versión, ya no fue nada de lo que tenían desde un principio y en ese momento decidimos salirnos de ahí [Culiacán], porque nos dimos cuenta de que las cosas estaban mal.

Volver a empezar... de menos de cero

Cristian tiene 30 años y es el mayor de los cuatro. Su padre, Guadalupe, que para todos lados seguía a Sandra Luz, aunque ella llevaba siempre la batuta, está a ratos con uno y luego con otro y otro. Se reparte, como sus nuevas vidas, porque no pueden andar juntos ni estar quietos ni volver a Culiacán. Tienen miedo. Ellos, los que desaparecieron a Édgar y mataron a su madre y ahora mantienen en la impunidad el caso, son muchos. Y son poderosos: mandan dentro y fuera del gobierno.

"La ausencia de Édgar fue para todos un golpe muy fuerte, porque nos cambió completamente la vida en todos los sentidos. En primer lugar su ausencia, el dolor de no saber dónde está, no saber qué pasó con él. Ése es un golpe muy duro. En segundo lugar, la desestabilidad que tuvimos después de eso. Nosotros todos con trabajo. Yo tenía un negocito en Culiacán. Se perdió todo, casa, negocio, todo perdí, a causa de lo de Édgar. Y a puro batallar, de entonces en adelante", manifestó, vía telefónica.

En la capital sinaloense, agregó, tenía una distribuidora de productos Tupperware, que fabricaban en Toluca, Estado de México, y él debía repartir en el centro de Sinaloa. Pero ya no podía estar en esa ciudad ya no podría cumplir con sus tareas laborales, por eso decidió dejar el negocio.

Cristian es casado y tiene dos niñas. Una de las cosas que no perdió fue su matrimonio: con esposa e hijas se fue de Culiacán, sin rumbo. Los cuatro siguen juntos, apoyándose entre sí.

—¿Se te movió la vida?

—Lo que pasa es que a nosotros nos cambió completamente. Haga de cuenta que un día es una persona, y cuando pasa lo de Édgar, la vida mía y la de mi familia, cambió por completo. Nada fue igual. Nos salimos de Culiacán y las reuniones de familia que hacíamos con mi mamá terminaron. Todo eso lo perdimos.

Recuerda que su hermano "es" muy servicial. Se le va un "era" y corrige a tiempo. También darle vigencia ayuda a mantener con vida la esperanza de encontrarlo. Asegura que Édgar ayudaba mucho a sus hermanos y amigos, a quien lo ocupara o pidiera, era divertido y lo veía dos, tres veces por semana. Porque coincidían en la casa de sus padres o bien porque se llamaban, lo visitaba en su oficina y le llevaba comida, si no había pedido aún.

"Él es muy buen hijo, porque era muy apegado a mi mamá. Más que todos nosotros. Yo me llevaba bien con él, normal, pero él se llevaba más con el más pequeño, convivía más con él que con todos."

Sin decir sus nombres, cuenta que Édgar tendría ahora 27, el que le sigue 26, luego otro de 23 y uno más de 22 años.

"Todos convivíamos mucho, éramos muy unidos. Seguido salíamos. Había mucha relación. Él se llevaba más con el pequeño, pero cada semana nos veíamos en la casa y dos o tres semanas comíamos juntos. Convivíamos bastante. Cada dos o tres veces por semana comíamos juntos, me visitaba en el trabajo, en mi oficina, '¿Qué comiste?, ¿qué vas a comer?, ¿ya pediste algo?' Diario, prácticamente… eso es lo que más extraño, el convivio."

–¿Y cuando pasó lo de tu mamá?

–Ése fue un golpe devastador. Fue un… no sé qué decir. Incluso no sé cómo ando. Si con un solo hecho es difícil levantarse y ahora con dos golpes de estos. Pienso que lo soporto por mi esposa, mis hijos. Eso pienso, por el mucho apoyo de mis cercanos, por el apoyo de la familia.

–¿Ya te estás levantando o andas como zombi, sufriendo la doble o triple tragedia?

–Le echamos muchas ganas, pero hay días que uno no puede dormir, que es muy difícil. Hay días que realmente me siento sin ánimo. De repente ni ganas de vivir, pero ante mis hermanos trato de ser fuerte porque no me gusta que se caigan. Soy el ejemplo para ellos y no quiero que me vean agüitado ni transmitirles ninguna cosa negativa. Trato de ser fuerte y evitamos muchos comentarios para no hacernos sentir mal ni uno ni otro.

–¿Prohibido llorar?

–Eh, este… yo creo que entre nosotros sí, porque uno no ve al otro. No nos vemos, sólo hablamos por teléfono. Pero ya a solas, con mi familia, es diferente.

–¿Crees que tu mamá estaba cerca de dar con esa gente?

–Obviamente, estuvo cuando menos presionando. Se sintió presionada la gente. Fue por ella y no por la procuraduría, que se avanzó. Mi mamá no presionaba a ningún delincuente. Mi mamá presionaba al gobierno.

–Para muchos es la triple tragedia de Sandra Luz.

–Sí, así fue. Fue una tragedia multiplicada. Es correcto, completamente.

–¿Contra la mafia no se puede?

–Así es.

–¿Por qué?

–Porque con hechos han demostrado que tienen todo el poder, completamente. Sabemos que es mafia contra quienes estamos y con todo lo que ha pasado, no me queda ninguna duda: que el gobierno está con ellos. Entonces cuándo va a poder uno con ellos, si el gobierno los protege. No es posible.

–¿Hay posibilidades de justicia?

–Con este gobierno no, con este gobierno estatal no hay posibilidades.

Sus hermanos están igual que él. Apenas se comunican por radio o teléfono, diariamente. Lo bueno, asegura, es que son muy trabajadores y su madre así les enseñó, eso les ha ayudado a seguir adelante. Ellos están pendientes de Cristian y Cristian de todos, incluido el padre.

Metidos en el comercio, atendiendo a la familia y al padre, "echándole ganas, no hay de otra". Así reparten sus vidas los Hernández: si se distrae uno, pierde. No hay oportunidad para caer, sólo para mantenerse de pie. No está permitido trastabillar, retroceder, detenerse. No entre ellos, que tienen la semilla de la lucha sembrada por su madre, que además de activista, defensora de los derechos humanos y madre ejemplar, dio la vida por Édgar, por todos.

"Hay mucho trabajo, a pesar de que empezamos peor que de cero. Empezamos arrastrando muchísimos problemas y de todo tipo: moralmente, con el ánimo por los suelos, y batallar con problemas económicos; son muchas cosas. Por eso digo que estábamos peor que cero, pero ahí la llevamos. Batallando, pero vamos para adelante", confiesa Cristian.

Luego de la desaparición de Édgar y del asesinato de su madre, acusaron a Sandra Luz de solapar actos ilegales de su hijo. Entonces sí avanzaron las pesquisas, pero en su contra. Después, detuvieron a uno de los presuntos homicidas, a quien en diez meses soltaron. Mientras, el levantón de Édgar sigue entre papeles, en el limbo de la burocracia, amenazado por el olvido.

Ahora sí, nadie lo busca. Sus hermanos en el destierro. Y su madre —viva en paredes de la ciudad, a través de artistas urbanos que hicieron que las bardas gritaran su nombre— está muerta.

Lo daría todo

Cuando su padre no llegaba, ella preguntó por qué tardaba tanto. Ahora, sus familiares creen que ella presentía algo: estaba con un familiar de ellos y él no aparecía, varias horas después la familia empezó a preocuparse y no encontraban la forma de disimular la angustia, entonces ella estalló y al borde del llanto gritó sorpresivamente por su padre, que quería irse con él.

Se llama Paulina y tiene catorce años. Hace alrededor de año y medio su padre, Arnoldo Gómez Soto, de 37 años, está desaparecido. Fue el 1 de agosto de 2013, cerca de la comunidad de Ocolome, a unos cinco minutos por camino de terracería de la cabecera municipal de El Fuerte. Trabajaba en un *yonkee,* esos negocios que recolectan piezas de vehículos usados o accidentados, y que luego las venden.

Ese día iban otros dos con él, se dirigían al trabajo. Entonces, de acuerdo con versiones de testigos y con investigaciones realizadas por los propios familiares, un comando que viajaba en dos vehículos y en medio de ellos dos patrullas de la Policía Municipal de El Fuerte, los siguió y les cerró el pasó. Los hombres armados y los uniformados se llevaron a Arnoldo y dejaron en libertad a las otras dos personas, quienes, cuando la familia interpuso denuncia y fueron citadas como testigos, acudieron acompañadas por abogados: entonces la familia supuso que esos dos eran más que personas en el lugar del crimen y que además en la agencia del Ministerio Público les habían dado acceso al expediente para que se defendieran mejor.

En la casa se le vio muy temprano. Arnoldo siempre pedía que le hicieran desayuno y para variar le prepararon unos huevos. Como de costumbre, respondió "lo que quieras", cuando le preguntaron qué quería. "De eso no hay", le dijo una de sus hermanas. Huevos reglamentarios. Andaba queriendo comprar una camioneta usada. Vio una y temió que fuera robada.

En Sinaloa fueron reportados alrededor de 13 774 robos en la primera mitad de 2014, luego de haber alcanzado cerca de 19 375 en 2011, la cifra más alta en años recientes. A nivel nacional, esta entidad está entre los cinco estados con mayor incidencia de este delito, de acuerdo con datos del Observatorio Nacional Ciudadano, a través de su página www.rendiciondecuentas.org

Casi por nada Arnoldo tenía miedo de meterse en problemas por la compra de un carro de procedencia dudosa. En Sinaloa, como en muchas regiones del país, el monopolio del robo de vehículos lo tiene el narcotráfico. Y si alguien lo hace por su cuenta, sin autorización del cártel local –sea el de Sinaloa o las células de los Beltrán Leyva que operan en Mazatlán, Guasave, El Fuerte, Choix y Ahome–, es castigado severamente o asesinado. Siempre con la complicidad del ejército y de las policías municipales, Ministerial y Estatal Preventiva. No hay de otra.

Por eso Arnoldo acudió a la policía, para que le dijeran si esa camioneta era robada o no, y decidir si se hacía de ella o buscaba otra. No se sabe qué le respondieron en la corporación, pero sí que a partir de entonces todo cambió… para mal.

Los parientes dicen que desde ese día lo seguían en diferentes automóviles.

Ya renunciaba el sol. Los testigos cuentan que lo tenían hincado. Se lo dicen a los parientes de Arnoldo, pero no se animan a declararlo ante la fiscalía que simula investigar y que en este caso, como en muchos, no tiene a ningún detenido ni sospechoso, ni lo tendrá. Es un expediente flaco, en el olvido, arrumbado en el rincón empolvado de algún estante del Ministerio Público.

Hincado, junto a su carro. Hincado, agachado. Junto a las patrullas de colores azul y blanco, había un vehículo tipo Matiz, color blanco. Hombres de campo, que buscaban leña ahí cerca, vieron la escena. Permanecieron silentes, guarecidos entre las ramas, refugiados en esa tarde parda en la que empezaban a multiplicarse las sombras y los colores estallaban en el firmamento.

No llores

No llores, le dijo un hombre a una de las hermanas. Era un desconocido. Reaccionó así cuando la vio sucumbir en un establecimiento comercial, en el centro de El Fuerte. Yo vi todo. Tu hermano está detenido. Era su idea y estaba seguro de ella, porque vio a los agentes someterlo en el camino a la comunidad de Ocolome. Ella sintió que la luna llena se ponía en su rostro y quiso correr a buscarlo en los separos de la Policía Municipal, a unos pasos. Agradeció la información y se fue al inmueble de la corporación. Pero ahí la despojaron de esa luna y de esos brillos y la dejaron desnuda de esperanza. No, aquí no lo tenemos.

Luego fue a la ciudad de Los Mochis, cabecera municipal de Ahome, donde pensó que podía estar detenido por alguna falta menor. Viajó alrededor de una hora por una carretera llena de topes y baches. Tampoco allá lo tenían.

Entonces reinició el llanto. Y la angustia engordó.

Diabetes

Cuando empezaron a buscarlo, una de las cosas que se les ocurrió a sus familiares cercanos y amigos fue buscarlo en el monte, los arroyos, el río, las montañas cercanas. Por qué, preguntó un vecino. Arnoldo tiene diabetes. Pudo haberse quedado dormido, desmayado. Alguna crisis provocada por esos movimientos telúricos en la presión arterial y los caprichos negligentes de la insulina. Y tal vez está por ahí, inconsciente. Por eso hacían esos recorridos y ella, esa niña de catorce años, los acompañaba. Tenían miedo de encontrarlo asesinado, perforado por los balazos, cercenado, con huellas de tortura: la sangre seca, negra, carcomiendo el nutritivo y generoso suelo de la tierra sinaloense. Pero corrieron el riesgo y la invitaron, porque además ella quería buscar a su padre, lo mismo que algunos amigos, vecinos, su esposa y otros familiares.

Arnoldo, gritaban. Arnoldo, Arnoldo. Y nadie respondía. Ni la tarde, ni el sol que siempre renuncia. Ni el viento que lleva y trae esa voz sin eco: su nombre es un remitente que parece no tener destinatario.

Justo ahí, donde se escuchó que golpeaban a alguien aquel día que lo desaparecieron. Donde escucharon entre penumbras unos pasos que se accidentaban entre sí y con el escaso pavimento y las piedras, y que su sonido se alejaba y quedaba perdido, suspendido, como si fuera parte del pasado. O de un sueño.

Versiones de personas allegadas a las investigaciones señalan que una mujer que era agente de la Policía Municipal, con quien aparentemente Arnoldo tenía una relación amorosa, lo amenazó: "Te prefiero muerto que con otra", le habría dicho, en un mensaje enviado a través del teléfono celular.

Pero como nadie investiga, son sólo versiones, información, datos, voces, que parece que se prenden y apagan. Voces tenues, que se debilitan, se cansan con el tiempo si no hay quien reciba y se interese en esos testimonios. Entonces son como esa voz sin eco, sin destinatario. Y así como nacen, las voces mueren. Y quedan en el recuerdo. En el frigorífico de un expediente penal que por sospechas y denuncias y terquedad de los parientes de la víctima, fue trasladado a la agencia del Ministerio Público de Los Mochis. E igual quedó.

Fueron los militares los únicos que apoyaron la búsqueda. Hicieron operativos y hasta retuvieron por horas a un agente señalado como partícipe de esta desaparición y que forma parte del Grupo de Reacción Inmediata (GERI). En otras denuncias, este mismo grupo fue acusado de desapariciones y homicidios.

—¿Se permiten los asesinos en la iglesia? —preguntó en voz alta una de las hermanas de Arnoldo, en la iglesia de San Judas Tadeo, durante la celebración del santo. El agente iba de civil, con su esposa. Estaba a pocos metros de la joven que lo increpó. La escuchó. Y también su esposa. La vieron como queriendo desintegrarla en plena homilía. Y abandonaron bruscamente el inmueble, antes de que empezaran el Padrenuestro.

Rachas de orfandad

Muy cerca de la vivienda de Arnoldo y del desolador devenir de su familia, está la colonia Pablo Macías. Ahí, en un cerro, está la casa de Luz Isela Castro Soto, quien tenía 36 años.

Ahí está su foto, tomada el 29 de agosto de 2009. Así lo dicen esas letras en la margen derecha de la imagen. Ella trae un bote de cerveza Tecate *ligth* color blanco. Trae un tímido escote. Sonríe para la historia, para y por esa vida que tenía, hasta que le arrebataron a su hermano. Está entre vírgenes y santos, y un busto de Cristo.

Aquí anda Enrique Manuel, de doce años. Corría dentro de la casa o bailaba o limpiaba o acomodaba y simplemente brincaba, del otro lado de las ventanas y las cortinas, hasta que se da cuenta de las visitas y de que quieren platicar con él. Junto a la foto de su madre, en ese altar, estaba la de su tío Héctor Octavio, a quien su madre y pocos familiares, muy pocos, buscaban, luego de haber sido borrado de la faz de El Fuerte y de Sinaloa y de la tierra. El menor aclara que ahí estaba la foto de su tío pero que la retiraron porque no saben si está vivo o muerto.

Platicó que a su tío le gustaba ir a pescar y con ese anuncio se fue aquella noche, a la presa Sabino, cerca de ahí, aquel 17 de junio: "Voy a pescar y a traer filetes para comer mañana, que es Día del Padre." Y ya no regresó.

"Mi tío… era buena onda, juguetón", recuerda. Su madre, agrega, era también bromista y regañona, como toda madre, cuando no hacía caso. El niño es moreno, de sonrisa fácil. Los ojos se le agrandan cuando hablan. No transpira otra cosa que ternura desde esa piel cobriza y esos ojos que se mueven tan rápido que parecen alas de chuparrosa o colibrí.

La extraña, dice. Cuando recién murió, soñaba a su madre. Pero ella siempre se tapaba la cara. No sabe por qué ni qué significado tiene. Todas las noches, luego de su muerte, sonaba el teléfono celular. Dicen que estaba descargado, que ni pila tenía, que se había muerto con ella de tanto golpe, que ni la pantalla le sirve. Pero todas las noches, a eso de las 2:00 a.m., sonaba. Él lo pone lejos, en otro cuarto, para que no lo despierte ni le dé miedo.

Un teléfono muerto que vive y suena y dice aquí estoy. No pasa igual con su mamá ni con su tío. Ella lo buscaba a él y ahora ninguno está.

Tiene un padre que no lo visita. Apenas lo conoce. No parece importarle. No, no parece. Tenía alrededor de tres años cuando se fue. No por cigarros ni cerveza ni trabajo. Sólo salió de la casa y no volvió. Vive en Los Mochis, muy cerca. Pero muy lejos.

—¿Cómo te sientes?

—A veces me pongo a pensar… y lloro mucho, mucho, desde que murió mi mamá.

Finge bien esa sonrisa de jardín marchito. Nacen flores negras, muertas, en esa mirada de faro en extinción. No hay puerto seguro en esa voz, esas palabras. La

sonrisa no dura mucho. Él no puede disimular tanto ce-
menterio, tantos huesos sembrados, presentes y ausentes,
en esa cabecita que va a la escuela secundaria.

Tiene un promedio aceptable, aunque no llega
al 8.4 que alcanzó años pasados. Reprobó matemáticas
porque no llevó dos veces el libro de trabajo. No se lo
perdonaron. Nadie se percató que dos ausencias pesan
más que ese libro ligero y que él no tuvo alma para llevarlo en esas dos ocasiones.

En su casa y en casas de familiares que viven cerca,
están distribuidos sus primos, los hijos que su tío Héctor Octavio dejó huérfanos: Paola, Guadalupe y Reyna.
A ellos hay que agregar los cuatro que dejó Luz Isela:
Rosa Isela, Rocío, Enrique Manuel y Ruby Itzamar. Siete
huérfanos de un sopetón, un latigazo, un trueno deses-
peranzador.

Pero Lupillo, como llaman a Guadalupe, tiene
problemas en la cabeza. Enrique Manuel explica que de
repente le duele y que no lo soporta y se pone a llorar.
Todo después de la inexplicable ausencia de su padre, a
la que suma la muerte de su tía, con quien ellos tan bien
se llevaban. Quizá por esas ausencias él y sus hermanos
y primos escuchan pasos en la azotea y zapatazos en el
cuarto contiguo. Los estrellan en las paredes, en el cuarto
vacío que está junto a la cocina. En el techo se escuchan
pasos, gente que corre. Que van y regresan. Tropelía que
de repente cesa.

Ruby es la más pequeña. Tiene dos años. Y Rosa
Isela la más grande, 21. Ruby sigue preguntando por su
madre. Pero cada vez menos. Será porque todavía es muy
pequeña. Le responden: "Ahorita va a venir."

–Mentiroso, no viene –así contesta. Y se queda callada.

A Enrique Manuel no le gusta ir a terapia. Lo han llevado dos o tres veces pero él no quiere volver con el psicólogo. Dice que no le gusta que le pregunten, pero otras veces ha comentado que "son puras pendejadas".

Luz Isela Castro Soto murió desconsolada, el 13 de septiembre de 2014. Buscaba a su hermano desaparecido y sufrió un accidente automovilístico cuando viajaba con otras personas a Los Mochis, para asistir a una reunión con funcionarios de la Subprocuraduría General de Justicia Zona Norte, a la que asistirían familiares de otros desaparecidos.

Fue la segunda mujer en perder la vida en la búsqueda de un familiar. Antes, en febrero de 2014, fue ultimada a balazos en la colonia Mazatlán, en Culiacán, Sandra Luz Hernández, cuando acudió a verificar una supuesta pista sobre el paradero de su hijo Édgar, desaparecido desde febrero de 2012. Quien la citó, la mató de al menos diez balazos.

"Repetiría lo que dice la hermana de un desaparecido de ahí de Mazatlán. Ella se pregunta cuando se entera de esto: '¿Dios no está con nosotros?' y se lo pregunta llena de dolor. Yo le digo: 'Es que a veces la vida se presenta así'", expresó Óscar Loza Ochoa, dirigente de la Comisión de Defensa de los Derechos Humanos (CDDHS), uno de los pocos organismos que ha acompañado a los familiares de desaparecidos en esta lucha.

En el percance hubo varios heridos, entre ellos Karla Gómez y María del Refugio Robles, quienes viajaban, con la hoy occisa, en una camioneta Explorer, modelo 2000, color azul.

Es la misma camioneta que está ahí, en el patio de la casa donde vive Enrique Manuel. Mausoleo de almas que parecen regresar de visita al purgatorio y de una camioneta arrumbada, inservible, polvorienta. Más pena. Mucha muerte.

Se veían bien los plebes

María del Refugio Robles Orduño está esperando todavía a Jesús Humberto Ayala Robles, de veinte años, y a Manuel Eduardo Robles Fierro, de 22. Hijo y sobrino. Se fueron a trabajar ese 20 de mayo, a unos pasos de Enrique Manuel.

Tomaron la calle Emiliano Ceceña. Calle abajo. Calle a ninguna parte. Calle de fantasmas y de fantasmas que perviven. Por ahí pasaron estos dos jóvenes. El lugar está muy cerca de la casa de Luz Isela, quien era prima de María del Refugio.

Ahí anda, entre perros y plantas que paren flores y nostalgias, Evelin Camila. Tenía seis meses cuando su padre desapareció. Ahora su abuela la cuida, igual que a Manuel Eduardo, un niño de apenas cuatro años. Cuando tenía dos años, el niño preguntaba por dónde se fue su papá y su abuela respondía por allá. Luego insistía: y cuándo va a volver. Entonces la señora le contestaba que ella también lo esperaba. Y entonces se moja esa mirada.

Ahora ese niño tiene cuatro años. Lo que pregunta es por qué su papá los abandonó: "No nos quería, mi papi", dice, parece preguntar, pero también parece responderse.

"¿No nos quería? ¿Por eso se fue?"

Y la abuela no le puede responder.

Evelin no hurga tanto en los recuerdos. Buscaba y buscaba a su papá en la casa, el patio, el cuarto, la cocina, la cochera, la calle. No lo encontraba y ya. Volvía a sus juegos, a los cinco perros que tiene en la cochera.

"Todo ha cambiado. Nos falta una parte de nuestro corazón. Uno le echa ganas por esas criaturitas", cuenta. Ahora usa medicamento para dormir. Se llama Paroxatín. Asegura que su hijo era bueno, nunca se metió en problemas ni actuó de mala fe. También era pescador, igual que Héctor.

Sus parientes y amigos los han ido a buscar. El monte, siempre el monte. Ya no hay quelite, sólo osamentas. Y allá van a buscarlas. En una de esas encontraron ropa que llevaban esos dos jóvenes, el día que desaparecieron. Eran los suéteres. Avisaron a la policía pero el resultado es el mismo que no hacerlo.

"Los que se pierden, los polis se los llevan. La policía los golpeó días antes, como una semana antes de que ya no los viéramos. Y luego desaparecieron." Casi todos los familiares de los desaparecidos lo dicen y lo saben: son los polis, siempre los polis.

Es esta tierra generosa y seca, de pueblos separados por ese campo gris, amarillo y blanquizco como pelo de abuela, donde un joven desconocido –porque prefieren que no se sepa su nombre– fue levantado, golpeado salvajemente y dejado por muerto en un páramo de colores mortecinos.

Lo hicieron tres veces. Tres veces lo dieron por muerto. La última le dijeron, casi a gritos: "Ésta es la última, puto. De ésta no te salvas." Y lo tiraron ahí. Y a las horas lo encontraron, lo llevaron al hospital y se recuperó. Cuántas vidas tienes, cabrón. Le preguntó un amigo.

Le dicen "El gato".

Lo daría todo

Los mismos policías que desaparecieron a Arnoldo Gómez Soto son quienes están asignados a la investigación. Por eso buscan para no encontrar, disimulan. Apuntan para otro lado cuando saben que las pistas están atrás, a un lado, cerquita. Es un palpitar caliente sentir esa ausencia, casi palparla, pero darse cuenta, en esa búsqueda, que no existe, que no hay más. La familia lo supo después: esos que nos acompañaban a buscar, son los mismos que lo desaparecieron.

Tres policías. Tres. Otros hombres armados. En suma unas siete personas. Varios de ellos señalados directamente. Un desaparecido. Ningún detenido. Ni una sola pista que no conduzca a callejones sin salida. Cuando allá, en El Fuerte, no hay callejones, sino montes, fosas y muchos, muchísimos, huesos perdidos.

Paulina, esa niñita de catorce años, ha bajado de peso. En la escuela va bien pero como que se alteró todo en su vida. Dicen que comenta que quisiera ponerle una revolcada a esos que se llevaron a su papá, pero luego se calma y vuelve a ser esa niña cariñosa, mimada por un padre que ya no está, pero en manos de una madre que la protege y cobija, y que no quiere dinero de la familia de él porque prefiere que estos recursos los destinen a buscarlo. Incesantemente. Buscarlo.

Su papá le dio dinero para que hiciera un viaje con sus hermanas, que corresponden a otro matrimonio. Ella le mandó decir, de lejos, a través de un pariente, que lo amaba y lo extrañaba mucho. Él le anunció que le depositaría para su regreso, de Puebla. Fue al banco y le depositó el dinero. Y fue lo último que esa pequeña supo de su padre. El último rastro en una ficha bancaria.

Cuando llegó de Puebla no aguantaron y le dijeron. Ella, sin saberlo aún, empezó a decir que ya quería regresarse porque quería ver a su padre. Apenas tocó tierra sinaloense, le informaron.

–Hija, tu papá no aparece.

–Lo sabía. Lo sabía. Algo sentía yo.

Lloró mucho. Se encerró en su cuarto y adelgazó. En el Facebook no deja de escribirle: "Papá, te extraño mucho, te amo." Muchos te amo y ninguno es suficiente para reflejar lo que esa niña siente.

Quien lo imaginaría que tú primero te irías de mi lado. Ya un año cinco meses que no estás conmigo. Tanto tiempo sin verte, sin poder abrazarte, sin poder decirte te quiero más que a nadie. Que tú lo eres todo para mí.

A veces quisiera devolver el tiempo para estar contigo, para decirte te amo papá. Lo daría todo sólo porque regresaras. Y donde quiera que estés jamás me olvidaré de ti. Siempre te llevaré conmigo.

Eso escribió Paulina, el 17 de enero de 2015.

Luego, en otro mensaje, escribió: "Quiero volver a verte, abrazarte." Y pregunta de nuevo: "¿Por qué?, ¿por qué te fuiste tan pronto?"

Manos apretadas

Con los puños cerrados, así nació Ronaldo. Su madre, María Luisa Castellanos López, lo tenía en el vientre, en uno de esos abultados por casi ocho meses de embarazo, cuando Nicolás, su padre, se fue para no volver.

Puños cerrados. Mirada recia. Ganas de pelear. Distanciado de todos y de nadie. Heredero de grescas y rencores y reclamos y desamores. Sonrisas guardadas, pospuestas, ocultas, desaprendidas. Ronaldo se guardó todo, así parecía. Todo lo bueno: el amor, el cariño, las sonrisas, los abrazos, el disfrute de la vida. Todo porque ese que lo llamaba pichón no le volvió a hablar más después de aquel 28 de marzo de 2011. Esa voz que le hablaba con ternura, que lo acariciaba, se apagó. Así nomás.

Puños cerrados y mirada dura. Su madre dice, pareciera que nació con coraje. Odio. Peleado con la vida. Esa, cuyo mundo en el exterior de ese vientre, lo recibía con amargura y tristeza. En el desamparo. Extrañando algo que nunca tuvo.

Puños cerrados, que luego de varios meses, quizá poco más de un año, se abrieron: todavía engarruñados, indispuestos para las flexiones, atados a nada, asidos al aire de Monterrey que no lo bendice ni lo hace sentir bienvenido.

Puños cerrados de Ronaldo. Un "te extraño mucho papá", de Nadia, la mayor de sus hermanas. Una broma gris de Donaldo, el otro hermano, que tuvo que enseñarse de nuevo a practicar la sonrisa que vio tantas veces en el rostro de su padre. Los llantos a solas, de noche, en la cama, de Katia, la menor. Y una madre autómata, que quiere salir a la superficie a tomar aire: aire para ese momento y también para llevar. Desesperada, pero también solidaria, luchona, graduada como licenciada en Trabajo Social, pero reprobada en eso de ser mujer y ciudadana y esposa.

María Luisa dice que está como madre y trabajadora universitaria y vecina. Está ahí, en automático. Pero no está como madre. Algo le falta y no es poco. Algo se quebró en su vida, a sus 32 años. La palabra viuda no sale todavía por su boca porque ella no se lo cree. Porque, como los desahuciados, ella espera un milagro y tiene esperanzas. Esperanzas en un país que en apenas dos años del gobierno de Enrique Peña Nieto, suma, a febrero de 2015, alrededor de 9 790 personas desaparecidas, según datos de Amnistía Internacional. Más los que nadie quiere, por temor, desconfianza o amenazas, denunciar ante el Ministerio Público.

Cuando todo empezó

Nicolás Flores Reséndiz tenía 36 años cuando aquel 28 de marzo de 2011 se disponía a salir. Él y su hermano menor, Reyes, quien se apuntó cuando supo que viajaría a una región cercana a la huasteca veracruzana —donde nacieron ambos—, saldrían a entregar un cargamento de fresas. Nicolás trabajaba en el mercado de Abastos de Estrella de San Nicolás, en la bodega de la empresa Fresas Golden Crown.

Buscaba invariablemente ingresos adicionales. Por eso aprovechaba cualquier oportunidad para trasladar mercancía a Tampico o Laredo, en el estado de Tamaulipas, y regiones de San Luis Potosí, y muy ocasionalmente a Michoacán. Era la ruta de Tampico la que más seguía y hacia allá se dirigían esta vez.

"Era como regresar a casa. Iban a esta zona de Tampico, que está a unas dos de horas de la comunidad de Tantoyuca, donde ellos nacieron. Por eso Nicolás, y más su hermano Reyes, se emocionaban con ir allá", recordó María Luisa.

Durante la tarde. Nicolás quiso dormir un poco. Apenas dos días antes había llegado de otro viaje de trabajo y ya tenía que salir de nuevo a carretera. Se despertó a las siete de la noche y quería partir. Su esposa lo detuvo: "Espera, no has comido." "Le preparé bistec con verdura y no se lo terminó." Era la prisa por sacar ese nuevo jale, agarrar algo de dinero. La prisa por vivir. La cercanía de la muerte o algo siniestro, cercano al deceso, a la ausencia y al no volver jamás.

Explicó que iba a la bodega a cargar, luego iría por su hermano y partiría. No voy a volver, de allá salgo, le anunció a ella. Pero insistió en que regresara para que le ayudara un poco con los niños y algunas labores domésticas, porque esa panza de casi ocho meses, voluminosa y estorbosa, ya no le permitía agacharse y esculcar bajo la cama en busca de los zapatos de los niños y limpiarlos. Lo convenció. Más tarde volvió y sacó los zapatos y los limpio, hizo algunas otras tareas relacionadas con el hogar y los hijos, y volteó a ver el cuarto que habían empezado a construir.

Ese bebé que venía, que llegaría en poco más de un mes, les estaba ganando la batalla. Ellos querían que cuando naciera Ronaldo ese cuarto estuviera terminado y habitable, pero apenas llevaban las zapatas y algunas columnas, en ese humilde hogar ubicado en privada Escuela 412, en la colonia Gustavo Garza Cantú, en San Nicolás de los Garza. Entonces dijo que iba a hablar con uno de sus tíos, que se dedicaba a la albañilería, para que apurara la obra y la terminara cuánto antes.

—No te deberías ir. No me siento bien.

—No va a pasar nada, mi reina. Mi chaparra. ¿No vas a salir a despedirme?

—No. Me siento mal.

Él salió para subirse al camión. Abrió la puerta y no terminó de subirse cuando se regresó. Traía un durazno en la mano. Se lo dio a ella y le dijo: "Dáselo a mi pichón" —como llamaba a sus hijos, aunque en esa ocasión se refería al que se guarecía en la panza de María Luisa—, le dio un beso en la boca y otro cerca del ombligo, dio la vuelta. Se subió al camión, cerró la puerta y se fue.

Ella no sabe si ese malestar le anunciaba algo malo que debía detener. No lo sabía entonces ni ahora. Sólo sabe que su embarazo era de alto riesgo, que cuando tuvo a Katia fue en medio de un parto prematuro y estuvo a punto de morir. Ambas. Los médicos les decían que tal vez no podrían salvar a ninguna de las dos, de tan complicadas que se pusieron las cosas. Recuerda que tuvo un cuadro séptico y se le subió la presión arterial.

"Tenía miedo, eso sí. Miedo por ese nuevo embarazo, por las amenazas de aborto, la constante actividad física que realizaba a pesar de los riesgos y las advertencias del médico y la gente cercana… me sentía desgastada y sí, tenía miedo, mucho miedo", manifestó.

Por eso, agregó, dejó sus estudios en la Facultad de Trabajo Social, de la Universidad Autónoma de Nuevo León, donde cursaba el séptimo semestre, además de que a su tía, quien le ayudaba a cuidar a los tres hijos, le habían detectado un tumor. Quería, además de su carrera técnica en trabajo social –que ya le permitía realizar algunos trabajos por su cuenta– terminar la licenciatura. Y para eso, sin duda, contaba también con el respaldo de su esposo Nicolás.

Salió de esa vivienda a las 10:30 de la noche. Manejaría por esos caminos que bien conocía hacia Tampico, para estar frente a la bodega que el negocio tenía en esa ciudad, alrededor de las 6:30 horas. A las siete abrían y él estaría ahí, afuera, listo para entregar y desembarcar las fresas. Sus planes eran estar de nuevo en Monterrey alrededor de las cuatro de la tarde.

Esa fue la última vez que lo vio.

Mi insomnio lleva tu nombre

No llegó al día siguiente. Pero María Luisa sabía que era normal, porque en ocasiones compraba tarimas para llevarlas a otra región y venderlas. Pero cuando llegaron las siete de la noche su ceño empezó a anunciar nubarrones y se pecho a brincar. "¿Habrá pasado algo?", se preguntó. Y prefirió no pensar en eso. Llamó al teléfono celular y entró el buzón. Luego intentó de nuevo y parecía que estaba sin servicio. Marcó al teléfono de Reyes y el resultado fue similar. Lo hizo un par de veces más. Eso alimentó su desesperación y angustia.

Así fue toda la noche. El insomnio se instaló en su cama, entre ceja y ceja. Se movió para un lado y otro de la cama. No durmió bien. Esperaba que de un momento a otro tocaran a la puerta o entrara él o llamaran por teléfono. Señales que no llegaron. Le había llamado a Jorge, esposo de Carmen, una de las hermanas de Nicolás, pero no contestó. A las 5:30 a.m. estaba regresando la llamada, y le contó: "Nicolás y Reyes no han regresado, ni contestan el teléfono."

"No se preocupe, Luisa. Tranquila. Yo los localizo ahorita y le llamo de nuevo", fue lo que él le respondió. Pero más tarde, a los pocos minutos, le habló de nuevo y le informó que había obtenido el mismo resultado: nada. Ni el celular ni el radio Nextel. Le explicó, tal vez para calmarla, que era probable que anduvieran por Victoria, donde la señal se dificultaba mucho y las llamadas regularmente no entraban.

Tanto él como María Luisa habían hablado a la bodega y no les contestaron. A las 9:30 a.m. ella llamó nuevamente y respondió la contadora. Le informó quién llamaba y le explicó lo que pasaba con su esposo, Nicolás. Ella, cortante y con palabras salidas del frigorífico, le anunció que como la carga no llegó a la bodega en Tampico, reportó el camión en que iba Nicolás y que a través del GPS lo habían localizado en una región cercana al municipio de Guémez, en Tamalipas. El reporte lo había recibido la Octava Zona Naval y ya se realizaban las primeras investigaciones, le respondió la mujer.

"No podemos hacer nada", le dijo la contadora. Esto provocó un ataque de histeria en María Luisa.

Colgó el teléfono y lloró, gritó y manoteo cerca de veinte minutos.

Había realizado prácticas profesionales en la Procuraduría General de Justicia del Estado (PGJE) de Nuevo León –hoy Agencia de Investigaciones–, así que se le ocurrió llamarle a Sonia, su ex jefa, quien le sugirió que presentara denuncia ante la agencia del Ministerio Público especializada en homicidios. Ya la estaban esperando, le dijeron.

Entre buscar fotos, papeles y encontrar quién la acompañara a las oficinas de la procuraduría, se le fue casi todo el día. Pudo al fin presentar la denuncia por la desaparición de Nicolás alrededor de las dieciséis horas. Para entonces, los pies los tenía tan hinchados que tuvieron que ayudarle a quitarse los zapatos. El cansancio había invadido todo su cuerpo, en medio del estrés, la angustia, los apuros y tantas gestiones.

La camioneta fue encontrada en una zona conocida como La Brecha del Río Corona y a los dos días del incidente fue asegurada por personal de la Secretaría de Marina Armada de México (SEMAR), adscrito a la Octava Zona Naval. En el interior estaban los documentos de remisión de la carga de fresas, pero ningún rastro de violencia, golpes, cabellos ni sangre. Las investigaciones señalan que a los delincuentes se les acabó la gasolina, por eso llegaron hasta aquí.

Fría generosidad

María Luisa fue a buscar al patrón de su esposo, a la bodega ubicada en el mercado de abastos. Se topó con un hombre frío, distante, detrás de un escritorio, en medio de una oficina llena de papeles. El hombre se autodefinió como un "cristiano" fiel, bondadoso porque le había dado trabajo al joven que ahora había desaparecido y a quien nadie quería contratar. Pero luego empezó a preguntarle cómo le iba a hacer para salir adelante con tres hijos y el que venía. Le hizo comentarios sobre "moralidad" y luego le dijo que era todo. Hasta ahí llegó su generosidad: la mujer abandonó la oficina con lo mismo con lo que que había llegado: nada. No lo volvió a buscar ni por teléfono.

Supo de nuevo del trabajo de su esposo porque le llegó un estado de cuenta, correspondiente a la nómina de los empleados de Fresas Golden Crwon. Un empleado conocido de su esposo se lo había llevado hasta su casa, enviado por los directivos de la empresa. Su esposo tenía en la cuenta alrededor de 3 000 pesos. Era el monto de su último pago salarial. Y se lo dieron a ella.

Fuerzas unidas

María Luisa está desesperada y sola. Sus suegros acudieron a visitarla a ella y sus hijos un mes después de la desaparición de Nicolás, pero en cuatro años sólo han regresado a verlos cuatro veces. Con las hermanas de él no hay ningún contacto. Es como si Nicolás hubiera sido el puente entre ellos y ella y sus hijos. Y ese puente se vino abajo: nadie puede reconstruirlo. A esto se agrega la falta de apoyo económico. Fue la hermana de ella, Luz María, dos años menor, quien le dijo que ella se iba a hacer cargo de los gastos, del bebé y de todo lo que pudiera.

Dio con la organización social Fuerzas Unidas por Nuestros Desaparecidos, de Nuevo León (Fundenl), con quienes participó en algunas actividades. Entre las fundadoras de Funden está Leticia Hidalgo, una joven madre cuyo hijo, Roy Rivera Hidalgo, desapareció en esta región el 11 de enero de 2011. En una de las gestiones realizadas por esta organización, en agosto de 2014, fueron recibidas en una audiencia por el entonces subprocurador General de Justicia del Estado, Javier Flores, que luego de un par de años, fue nombrado procurador general.

Entre los casos revisados por la fiscalía y los familiares de los desaparecidos, está el de Nicolás. Ahí, en ese encuentro, María Luisa se dio cuenta de que no había ningún avance en las investigaciones sobre la desaparición de su esposo, tres años después. Entre doce y trece hojas conformaban el expediente del caso.

Ella lo tiene claro, como una foto que le muestran en el momento de la entrevista, una película que pasa y pasa frente a sus ojos, terca en provocarle y hundir más ese dolor que ya de por sí es profundo. En el encuentro estuvieron una mujer que fungía como escribiente, el coordinador de los ministerios públicos, y el titular de la agencia del Ministerio Público que tenía el caso de Nicolás Flores Reséndiz.

Estaba también, además de los integrantes de Fundenl, una mujer identificada como Tania Vega, funcionaria de la Secretaría de Gobernación, quien ha acudido a cada uno de los encuentros de los familiares de desaparecidos con las autoridades estatales. Fue ella quien reclamó a los servidores públicos de la Procuraduría de Justicia de Nuevo León la falta de avances y resultados en pesquisas como la de Nicolás, cuya averiguación previa es 151/2012-1-1.

Es marzo y Monterrey tiene en este mes de 2015 un clima que no se daba desde hace alrededor de veinte años. En lugar de los 30 grados centígrados que debería registrar el termómetro, se tienen entre doce y catorce grados. Llueve desde hace cerca de una semana en buena parte del noreste de la República Mexicana y hace frío en la capital de Nuevo León, donde alrededor de seis bandas criminales del narcotráfico –entre ellos Zetas, Golfos y Cártel de Sinaloa– se disputan el mercado local de la droga.

Es este frío que cala la vida. El frío que penetra los huesos, igual que el miedo, el terror generado por la violencia y la impunidad.

"La excusa que puso en ese momento el Ministerio Público fue que a él apenas le acababan de asignar el caso y no sabía nada. Como si fuera un asunto personal, no de la institución que representa y de la que forma parte. Luego la escribiente intervino y dijo que como yo ya no había regresado, pensaron que quizá mi esposo había vuelto. O sea, muy quitados de la pena. Ni se defendieron, siquiera", recordó María Luisa, quien sólo tuvo fuerzas para sonreír amargamente.

Tania Vega intercedió y reclamó que cómo era posible que tuvieran nulos avances en más de tres años. Fue cuando las partes acordaron reiniciar las investigaciones, hacer un calendario de actividades y compromisos, y tener un nuevo encuentro de este tipo para revisarlos.

"Yo aporté más pruebas, pero ellas se la pasaban preguntando por su familia, por sus padres, por qué no participaban, no preguntaban ni iban a las reuniones. Les contesté que yo era su familia. Igual no pasó nada. No hubo más avances. En ocasiones, los reclamos de la representante de Gobernación hacen que se establezcan compromisos de parte de la procuraduría, pero es porque nosotros empujamos, no porque ellos propongan esto o aquello, que igual siempre termina en lo mismo: en nada", manifestó María Luisa.

Las manos apuñadas

María tiene acné alrededor de la boca. Son las mordidas que el estrés y la desesperanza han dejado en su rostro, en sus pasos, en su vida. Ahora ella parece marchita, ausente, en retirada. No sabe que está de regreso cuando habla y lanza pedradas a las estrellas aunque sabe que no logrará tumbarlas. Y también cuando mira y recuerda y tiene la esperanza de los desahuciados que sobrevivirán. Pero no. No lo sabe.

En sus ojos hay relámpagos y lluvias del otro lado de esa pared acuosa. Se mojan y se mojan y se mojan esos ojos. Pero no llueve. Ella no deja que llueva: "No quiero, no me gusta llorar frente a la gente." Lo confiesa. Ella lo hace a solas, a oscuras, boca abajo, con la fría cobija de la ausencia y la almohada de la oquedad, en su casa, su recámara, su cama.

Ahí, sentada frente a esa mesa, se dice una mujer sensible. Y entonces María Luisa se destapa un poco, se quita algunas capas y se describe: "Soy una mujer muy humana, sensible, solidaria, fuerte… resiliente. O sea, luchona." Advierte que han sido duras las batallas, pero ella sigue ahí, aunque en ocasiones, sólo en medio de esos relámpagos y esa lluvia que no llega o que interrumpe deliberadamente, no se sabe ahí, no se siente, o no está.

—Decías hace rato como madre, como trabajadora social, estás, pero no como mujer.

—No, no estoy. Me encerré. Me sentía muerta, independientemente de que tuviera vida dentro o no. Y fue así como me dijeron: "Te tienes que comer lo que sientes y tienes que seguir adelante" porque no he visto nada más. Son cuatro niños y tres de ellos hablan y piden y preguntan por su papá. Mis hijos se dieron cuenta de todo, ¿qué les decía?… hablaba de eso y se daban cuenta, y el idiota de mi sobrino les dijo que su papá estaba desaparecido y que no iba a regresar.

"Los dos mayores siempre han estado conscientes de lo que pasó. Katia estaba chiquita, no entendía y si entendía no decía nada. Pensaba que su padre estaba en Tampico, trabajando."

Era junio de 2013 cuando Katia, que ahora tiene siete años, se graduó de preescolar. Las maestras y autoridades del plantel, con los padres de familia, estaban organizando la ceremonia y fiesta de graduación. Acordaron que quien debía acompañar a los alumnos a recibir el diploma y bailar con ellos era el papá o la mamá, sólo uno. En el caso de ella, por ser mujer, debía ser su papá, Nicolás.

María Luisa recuerda ese momento, otro de los duros que le ha tocado enfrentar. Para ella fue "chocar de frente contra la pared", para decirle que su papá se fue: "Que no tengo la menor idea de si un día pueda regresar, que no tengo la certeza de si está muerto, que simplemente está desaparecido."

–¿Qué te dijo?

–Que ya lo sabía. Entonces yo quería tomarla en cuenta para saber si iba alguno de sus tíos, los hermanos de su papá, o uno de mis primos hermanos. Y así lo resolví.

No han sido los únicos problemas que ha tenido, los de sus hijos, que enfrentar. Cuenta que a raíz de la desaparición de Nicolás, la familia de él, es decir sus hermanos y suegros, que de por sí no eran muy cercanos a ellos, prácticamente han desaparecido también. No han estado pendientes de los nietos, si comen, si van a la escuela, si están tristes o alegres, o necesitan algo.

"También eso se fragmentó. Yo ya no tenía apoyo de las hermanas de Nicolás ni de su familia. Mis suegros en estos cuatro años han venido cuatro veces. Al mes de cuando se enteraron vinieron… y ya no hubo apoyo económico o moral de la familia, nada. Lo mismo que del patrón de mi esposo", comentó.

María Luisa toca su herida: la abre, la hace grande, esculca, busca su dolor, su única compañía, la constancia de estos días de duelo y tristeza. Ni ella se salva de ella misma, de recordarse lo jodida, como la describe, que está su vida:

"Yo me burlaba de mi desgracia porque decía que un día me dormí como una reina, porque para Nicolás yo era su reina, así me decía, y al otro día me levanté como una pordiosera. No trabajaba ni estudiaba, tenía tres bocas y la mía que mantener, estaba embarazada, y cruzada de manos."

Fue entonces cuando su hermana, Luz María, asumió el cargo de toda la casa mientras nacía el bebé, a quien pusieron como nombre Ronaldo, y que ahora tiene tres años.

Ella, Luz María, tiene 30 y es dos menor que ella, le dice que tienen que salir adelante y la inyecta, con su mano extendida y el abrazo de jardines y cantos de pájaros y manantial, que tienen que vivir un día a la vez: esperar, pensar, creer, que un día Nicolás va a regresar, que el bebé va a llegar bien y se llamará Ronaldo, que se despierte, cada día, y que viva uno a la vez.

"Un día a la vez, despiértate. 'Haz lo que tengas qué hacer, trabaja lo que tengas qué trabajar. Mañana Dios dirá'. Y después así fue: todos los días es un día a la vez", aseguró, y entonces su voz hace que nazca luz en ese rostro, ya renovado, ya golpeado, pero resistente. Resiliente, como ella misma se describe.

Como lo dice la Real Academia Española.

> f. *Psicol.* Capacidad humana de asumir con flexibilidad situaciones límite y sobreponerse a ellas.

Ella trabaja ahora para la Facultad de Trabajo Social, de la Universidad Autónoma de Nuevo León. Ironías de la vida, María Luisa es evaluadora de un proyecto de intervención y prevención contra la violencia, luego de haber sido víctima de un acto atroz.

Pero eso no tiene nada qué ver con su experiencia personal, sino con su formación como trabajadora social, su empeño, las calificaciones que obtuvo cuando cursó la carrera técnica y luego, a duras penas, ya incluso con la ausencia de su esposo, la licenciatura. Sabe de esto que parece una burla, pero ella se ríe, divertida, y acepta, y le entra: en todo lo que ha trabajado ha sido eso, prevención del delito.

"Se puede decir que soy especialista en el ramo, tristemente."

Hay cosas que han marcado esa vida de 32 años y que son fuertes, muy duras. Hacen zanjas, muescas en venas, arterias, piel, corazón, alma, pasos, mirada y latidos. Muescas hondas como esa desaparición del hombre que llamaba pichones a sus hijos y reina a su amada. Pero ella trae a la conversación una de esas cosas: un día encontré accidentalmente un papel, una hoja como arrancada de un diario, con la expresión:

"Te extraño mucho papito, me haces mucha falta." La autora de esa leyenda fue Nadia Yazmín, quien hoy tiene once años y es la mayor. Nadia no dice nada. Y es casi como todos en esa casa, incluida ella. Serios, reservados, callados. Muchas de las cosas importantes, personalísimas, íntimas que realizan, las hacen a solas, silentes, detrás de puertas y muros, en su cama, rodeada de sábanas, cobijas y almohadas, refugiadas en los focos apagados y la noche y el manto de la luna y las estrellas: llorar.

—Son serios, pero ella es muy reservada. Yo también era muy callada. Nicolás es bullanguero, guapachoso, platicador, y despertó esa personalidad en mí, de hablar y socializar más. Pero la niña, de alguna manera, replicaba mi patrón de ser muy callada, muy tranquila, y a raíz de que pasó esto cambió más y no dice nada, pero en la noche llora. Me jodió la madre el día que me lo dijo.

Yo le pregunté un día "¿Te acuerdas de tu papá?", y respondió que sí. Luego le dije que por qué no decía nada. Le pregunté que si lloraba y me dijo que sí. Que llora en la noche, que es mejor así porque nadie la ve. Y era lo que yo hacía. Lloraba en la noche cuando nadie me ve. Ella hace lo mismo.

—¿Por qué ocultan los llantos?

—No sé, no sé. Si ellos me ven llorar, se callan. Se van. Es como si se hubieran aliado entre ellos.

María Luisa recuerda que cuando nació el bebé, Ronaldo, ella quería permanecer dormida. No quería saber de nada ni de nadie, hasta que su ex jefa cuando trabajó en la Procuraduría General de Justicia del Estado, se le acercó y le puso una "santa regañada".

"Me despertó. Tenía descuidados a todos mis hijos. Ella, con esa regañada, me hizo volver a la vida."

Buscando pleito

Nadia Yazmín y su llanto a solas, a oscuras, a gotas amordazadas. Donaldo Azael, de nueve años, tiene ese espíritu bullanguero que le heredó su padre, pero pospone regularmente la fiesta, la bullanga y la broma, por tanto dolor. Katia Anahí tiene siete años y también ha optado por ese actuar silente y cabizbajo, Ronaldo Nicolás, el bebé de tres años, nació con las manos apuñadas.

Nadia va bien en la escuela, aunque abandonó el escaño del mejor promedio en los años recientes, a pesar de que se mantuvo ahí por su dedicación. Mantiene buenas calificaciones, en el quinto grado de primaria que actualmente cursa. Estaba en segundo cuando su padre desapareció. Donaldo es el más retraído, porque también era el más apegado a su padre: convivía tanto con él que dormía encima, pegado a su espalda. Y Ronaldo… es un bebé que parece haber nacido de mal humor, con las manos cerradas, de actuar adusto y agresivo.

"Cuando nació Ronaldo era un bebé agresivo. Tenía una mirada dura, siempre tenía los puños cerrados. Cuando empezó a caminar, era muy recio en su forma de expresarse. Creo que poco a poco, al paso del tiempo, han sanado las heridas. Ahorita es un niño más juguetón, sonriente y divertido."

Y entonces a María Luisa le empiezan a asomar las gotas de su lluvia interna, esa que tanto oculta y de la que tanto se defiende: no mostrar esas lágrimas es su pequeño triunfo. Instala represas y contenedores, amuralla sus ojos y seca antes de que florezcan las pequeñas gotas de ese impetuoso río de agua salada que se amontona y se agolpa, empuja por salir.

"No quiero llorar", confiesa, como si se hablara a sí misma, frente al espejo, a solas.

Y todo es decirlo para que se suelte la lluvia y el Tláloc de sus tristezas no pueda contenerse más y llueva, llueva y llueva. Y entonces ella se cree marchita y seca. Pero no, esas lágrimas riegan sus patios, sus jardines, y se recupera muy pronto y sin dejar de llorar, sigue contando.

Ronaldo, el niño que crecía en esa panza y se preparaba para salir al mundo del otro lado de las paredes de esa placenta y la calidez del líquido amniótico, tenía casi ocho meses en el vientre de su madre, cuando su padre, quien lo besaba a través de la panza y le llamaba pichón, fue desaparecido. Por eso, cuenta ella, nació molesto. A nadie le debía ni tenía deudas por cobrar. Estaba molesto, con los dedos quebrados y tiesos, engarruñados, atados entre sí, fuertemente asidos a la palma: sin ofrecer ni recibir nada, cerrados al mundo exterior, a las caricias –darlas y recibirlas– de quienes lo rodeaban, dedos amarrados a sí mismos, como buscando pleito y alimentando rencores.

"Nació enojado, como lleno de odio. Ahora pregunta por su papá y luego dice: 'Mi papá se llama Nicolás, igual que yo', los niños, sus hermanos, le enseñan las fotos de su papá. La verdad no pregunta por él, no dice dónde está, porque los otros tampoco lo hacen. Es muy raro que lo hagan. No le llora a su papá, pero lo tiene presente y sabe quién es porque ahí está la fotografía."

Ella señaló que Ronaldo sí busca la figura paterna. Cuando llegan los tíos de su madre se les echa encima y no los suelta. Vive pegado a los abuelos que lo cuidan "y cuando va un varón a la casa ahí anda detrás de él, buscando a su papá".

Para María Luisa, Donaldo, el mayor de los varones, es exactamente igual que él. La única diferencia es que su padre era moreno. Ambos, asegura, son muy sentimentales, sensibles. Pero también físicamente. Ella cree que también será como su padre a la hora de la generosidad: Nicolás decía que había que ser como los boxeadores: es mejor dar que recibir. Por eso, cuando le daban propinas en el trabajo de chofer y traía la morralla tintineando en los bolsos, los vaciaba en los paseos que hacía con María Luisa por la zona comercial de la Gran Plaza. Cada indigente que lo abordaba, él le entregaba algunas monedas.

"Estuvimos tomando terapia, fuimos a los Módulos de Orientación Social, los MOS, del gobierno del estado. Nos íbamos caminando a terapia Donaldo y yo, porque pagar otra terapia no es posible… a los niños sí les sirvió, a mí no porque no entendía eso de que había que cerrar el ciclo, centrarme en hacer algo, el trabajo. Luego me decían que estaba operando en automático: no sientes, no reflexionas, sólo actúas y haces, eres como una máquina, una autómata que tiene que trabajar y atender a los niños, comer y dar de comer… pero no sientes, no lo disfrutas."

–¿Y es cierto?

–Sí.

–¿Y así sigues?

–Sí. Creo que todas pasamos por ese momento de culpa. No puedes disfrutar el cumpleaños porque no está ahí. Me gradué de la universidad y no fue lo que esperaba. Me gradué con el primer lugar de la generación y no significó nada. Ya me titulé y no significó nada, porque todo está… hueco. La vida se me jodió. No me gusta que me vean llorar, pero no sé. Es como rumiar pensamientos y abrir heridas, porque es como los rumiantes que dan vueltas y vueltas a la comida. Se la comen. Se la pasan y la regresan. Es lo mismo. Y tú piensas y piensas y piensas, y no hay soluciones. No encuentras una respuesta.

"La ciencia, la situación, la conciencia, te puede decir: 'Despiértate, haz lo que tengas que hacer.' Ya son casi cuatro años y lo más probable es que no esté. No estoy. Pero luego llega ese sentido humano, el ser humano por naturaleza siempre tiene la esperanza de la vida y así estoy yo. Incluso los desahuciados tienen la esperanza del milagro y así estoy yo.

—¿Tienes esperanza?

—Sí. En marzo de 2013 llegó una tarjeta de American Expres a nombre de él. Yo dije: "Qué raro, porque esas tarjetas no las dan como palomitas, en barajitas ni a cualquier persona", pero como no llevaba ningún seguimiento con el Ministerio Público porque siempre me decían: "Si haces algo, te va a llevar la chingada con tus hijos", pues fui y puse la denuncia hice lo que me tocaba. Si lo van a buscar, así será, y si no, pues que sea la voluntad de Dios. He estado concentrada en la escuela, la familia, pero no en mí. Y había decidido no hacer nada, guardar silencio, hasta que llegó Fundenl y me dicen: "No te puedes quedar callada, hay que hacer esto, aquello. No puedes tener miedo. Míranos a nosotros." Y de ahí agarro fuerzas y tomo tiempos y momentos para buscar a Nicolás.

—¿Qué crees que le pasó?

—El de la Marina dice que en ese pedazo en que se perdió los estaban reclutando. No sé si me lo dijo porque estaba embarazada… me dijo: "Ahí los reclutan, los hambrean hasta que deciden trabajar con ellos." No sé. Nicolás conoce todas las malditas rutas de ese estado, por un lado y por otro. Si a este tiempo, si a este momento, todavía ha sobrevivido, no sé qué está haciendo.

—¿Crees que está muerto?

No, no sé… ya hubiera venido a jalarme las patas de perdida.

Sevicia

Su esposa lo identificó en el Servicio Médico Forense. Ése era el cadáver de Julio César. Lo enterró y esa tarde de marzo, bajo un cielo quieto, fue a dejarle flores al panteón de su comunidad. Lo vio ahí, inerme. Y todavía espera volverlo a ver.

Su madre lo miró en el ataúd. Pero se pregunta y se pregunta por qué a él, si sólo era un estudiante: uno pobre, trabajador, metido en su preparación académica, preocupado por lo que estaba pasando en el país, y solidario. Ha asumido que quienes los han acompañado después de esta muerte llorarán unos minutos. Ella lo hará toda la vida.

Sí. Ese de ahí, de la caja de madera, era su hijo. El mayor. Apenas tenía 22 años. Muerto a golpes, lesionado con un objeto pesado. Y desollado. Pero ella, Afrodita Mondragón Fontes, todavía no lo cree.

Pero sí. Es él y está muerto. Y no volverá a pisar esas calles angostas y empedradas de Tecomatlán, bajo ese cielo gris que parece siempre llorar. Es él, Julio César Mondragón Fontes, uno de los jóvenes que fueron víctimas de la masacre en Iguala, estado de Guerrero. Es él, un padre de una bebé que cuando él fue muerto apenas tenía dos meses de nacida. Es él y fue asesinado a golpes, luego de haber sido torturado salvajemente: su piel arrancada, con niveles de saña y crueldad pocas veces vistas en el país.

La foto de su rostro desollado dio la vuelta al mundo: fue el rostro no del miedo, sino del terror, de la parálisis, de la atrocidad como mensaje, la perversión como instrumento y arma psicológica frente a las protestas, la inconformidad social, las movilizaciones de los jóvenes normalistas y de otros, muchos, sectores sociales en Guerrero y en buena parte del país.

Sevicia, le llaman. La crueldad, la atrocidad en el rostro de ese joven atleta que quería ser maestro del tipo normalista rural. La piel arrancada, las oquedades oculares deshabitadas, los dientes plenos, el rojo de la carne y los tejidos nerviosos y músculos, como lienzo en el que fue plasmado un solo mensaje: esparcir lo macabro, intensa y salvajemente, y con eso lograr un efecto multiplicador de incertidumbre, desconfianza e indefensión.

Camino a Tecomatlán

Tecomatlán es una comunidad pequeña y forma parte del municipio de Tenancingo, Estado de México. Si uno sale de la Ciudad de México, está a dos horas aproximadamente si se va en automóvil. No es un camino largo, pues suman alrededor de 100 kilómetros de distancia. Pero sí sinuoso, cargado de un trafical automovilístico propio del purgatorio de asfalto y acero, algo de montañas y curvas que parecen ejercer una suerte de vaivén con el paso de vehículos. Muchos camiones de carga, tres casetas de peaje muy pegadas una de otra. Y un paisaje tercamente verde, que en uno de los tramos nos presenta en el firmamento, al fondo, donde parece que empieza a bajar la línea terrestre, el nevado de Toluca.

Toluca, es el camino que se sigue. Luego desviar a Tenango y al final a Tenancingo. Árboles grandes y viejos, en senectud, por caídos y generosos y de un verde que parece abrazar el chapopote de la carretera. Grandes edificios al pasar por Santa Fe y luego la industria, los comercios, los restaurantes de La Marquesa, las montañas al fondo y a la mano, la poderosa zona industrial mexiquense, el mapa de pinos que avisa que hay serranía y baja temperatura y un nublado que parece tatuaje celestial permanente en la piel del cielo.

Luego el camino se angosta y divide los pueblos y parte las plazas y le quita el respirar a la yerba. Y al final, Tenango, y apenas unos veinte minutos más, Tenancingo. Unos ocho kilómetros más y ya está uno en Tecomatlán. Árboles por todos lados, tantos como topes. Una carretera demacrada y llena de cicatrices por el acné y la lluvia y el descuido gubernamental. Algunas escuelas, casas chicas de patios grandes, y un pequeño pueblo cuyas calles, empedradas a veces y otras con suelo de cantera, se levanta y sube y sube. Arriba, en lo alto, la iglesia Del Calvario: con blanco y rojo, en lo alto, escoltada por muchas luces y escalones, vigilante y portentosa.

Aquí todos se conocen y se saludan. Si no son hermanos sí muy amigos, se gritan en la calle, de carro a carro o mientras caminan y se cruzan en las aceras: "¡Hermano!" Los otros no se llaman por su nombre, son primos, tíos, cuñados. Y así se llaman en voz alta, a la hora de saludar. Cuentan sus habitantes que cerca de 70 por ciento de las familias se dedican a la elaboración de pan. Es un pan grande, gigantesco, redondo, relleno de higo y con ese sabor a horno de patio de casa, a hogar y piloncillo, a leña de campo, a lodo y padrillo y años y más años de milenarias tradiciones. Lo hacen y lo venden en la carretera, en ciudades cercanas, paradas de autobuses y hasta en regiones de estados vecinos. Es famoso el pan de Tecomatlán y sus habitantes son solidarios, cálidos, generosos y amables.

En sus cocinas se prepara regularmente sopa de hongos, setas que recolectan en el campo o en algunos plantíos. La preparan con salsa chipotle. Lo mejor, dicen, es tomársela bien caliente. Hay aguacate por todos lados. El mejor de los alrededores se da aquí, pero Cuitláhuac Mondragón, tío de Julio César, se lamenta que los más chicos y no tan buenos hayan sido puestos en su mesa, en la sala y cocina de esa casa grande de los padres.

Es un hogar de tres o cuatro recámaras. Hay dos casas pegadas a ésta que son de integrantes de la familia Mondragón, en un callejón que termina en estos patios, como parte de un cerro tupido y malhumorado, por lo empinado.

Hace frío acá. Las nubes tienen rasgaduras de un viento caprichoso que no baja a este pueblo, pero que provoca que desciendan ligeramente las temperaturas. El cielo parece querer llorar y la noche se niega a instalarse por fin. Parece haber luces del otro lado de los cerros pero es el sol que se va y que no se va. Que parece quedarse del otro lado de las montañas, amamantando árboles y prolongando despedidas.

Despedidas como la de Julio César, que nadie parece creer. Y los que creen, porque lo vieron tendido en el féretro y cayendo tres metros abajo, en el camposanto, piensan, aseguran, fervientes y temblorosos, que él va a volver.

Pero no. Ya en la entrevista, dicen que no. Que está muerto y que ellos, los Mondragón Fonte, Marisa –la viuda de Julio César, con quien concibió una niña de apenas ocho meses–, su madre, abuelo, hermano, cuñadas y tíos, aseguran que él no volverá. O que quizá lo hará, cuando regresen los otros, los 43 normalistas desaparecidos.

Yo quiero ser normalista… normalista rural

Julio César lo dijo no una, sino cientos de veces: él quería ser maestro normalista rural. Estuvo hasta segundo año en la Normal de Tenería, en Tenancingo, a unos tres kilómetros de su casa, en Tecomatlán. Pero se salió, o más bien fue expulsado. Acostumbrado a cuestionar, integrante de una familia disidente y crítica, él era de esos que no se quedan callados y que suelen no medir las consecuencias.

Él, joven, atlético, dedicado al estudio, amiguero e inteligente. En una de las asambleas organizadas por el Comité Estudiantil –liderado por estudiantes activistas, que en estas normales del centro y sureste del país tienen mucho peso social y poder dentro del plantel, al grado de controlar la admisión de nuevos educandos–, a Julio César se le ocurrió preguntar en qué gastaban el dinero que ellos colectaban en la calle, las plazas, los camiones y centros de trabajo.

Regularmente eran los de grados inferiores, sobre todo de primero, los que salían a botear, a pedir cooperación a los ciudadanos que viajaban en vehículos particulares o camiones, y a los peatones o clientes de negocios o empleados. Bastó con preguntar eso para que lo vieran como enemigo. A los pocos días, las autoridades del plantel le anunciaron que estaba fuera y le dieron sus papeles.

Nos revela Cuitláhuac, su tío y también maestro normalista y ex integrante de un comité estudiantil y egresado de Tenerías. El tío es alto y recio, pero también amable. Parece investigador, policía, periodista, sacerdote y guía espiritual. Ordena ahí, en el comedor. Atiende, aconseja, sugiere. Los demás familiares lo ven con respeto y lo saludan con mucho cariño. Cualquier duda sobre alguna fecha, nombre o dato, pide que mejor nos esperemos a confirmarlo. Hay que estar completamente seguros, confirmar y ser precisos. Estamos hablando de algo serio, dice.

Junto al comedor grande, para unas doce personas, hay varios ejemplares de *La Jornada*. Sobresale la portada del 21 de febrero, con letras grandes, anunciando la nota principal: "No cerrar el caso de los 43, exigen eurodiputados." El encabezado parece tener sentido de pertenencia: está ahí, en el seno de una familia de una de las víctimas de Iguala, de la Normal de Ayotzinapa, uno de los seis muertos en los hechos de esa noche y madrugada funesta. Léeme, dice el periódico del sábado. Ahí, a esa familia, pertenece el ejemplar, pero también la información, el caso y sobre todo la lucha.

Derrotado por abrir la boca, Julio César se fue a seguir estudiando. Ingresó a la Normal Nacional Benemérita. Ahí valoraron su nivel académico, pues mantenía un promedio de nueve. Pero las dificultades económicas le impidieron continuar en esa institución. En 2013 probó en la Normal de Tiripetío, en el estado de Michoacán, también controlada por los activistas del Comité Estudiantil. Terco como él solo, insurrecto, volvió a cuestionar qué pasaba con tanto y tanto dinero que juntaban en los cruceros y las brigadas en las que él participaba.

Estaba apenas en el proceso de admisión. Se preparó con entusiasmo y dedicación para presentar el examen. Sabía, por consejos de su tío Cui, que en el examen vendrían preguntas sobre Marx, el socialismo, corrientes marxistas, historia y otros temas. Era el examen "político" e ideológico. Pero había otros obstáculos en los que nadie podía competir con él. Adiestrado por cuenta propia, podía correr cerca de dieciséis kilómetros diario. De ida y vuelta a Tenancingo, era un recorrido que para Julio César representaba "pan comido". Por eso en el examen físico no pudieron vencerlo.

Cuando salían a correr, él tenía que trotar para esperar al resto del grupo. Cuando corrían, no había quién lo alcanzara. Eso, aseguran sus familiares, despertó envidias entre los activistas del comité, que estaban en grados mayores. Él se sabía preparado para los exámenes y cuando acudió a presentarlos, estaba seguro, y así lo dijo, que los había aprobado con mucho. Se desilusionó cuando le avisaron que había reprobado y que por lo tanto no lo admitirían.

"Eso fue lo que pasó. Además de la crítica que hizo sobre el dinero, ellos sintieron que él los retaba. Llevaban años sin dar cuenta de ese dinero que colectaban y muchos sabían que no era poco el dinero y que algunos se quedaban con parte de estos recursos. Eso hay que decirlo. Las cosas como son. Además yo nunca he estado de acuerdo con todo esto", contó Cuitláhuac.

Los miembros de esa familia, agregó, empezaron a ser "de izquierda" a pesar de que su padre, Raúl Mondragón, había sido regidor del Partido Revolucionario Institucional (PRI), de 2003 a 2006, porque se daban cuenta que ellos tenían beca y escuela y otros beneficios, no por el gobierno, sino porque eran sus derechos como mexicanos y "además, eran recursos que provenían de nuestros impuestos, no de regalo".

Ellos, los Mondragón Fontes, nunca han pertenecido a partido político alguno, pero sí han sido críticos. Saben que el petróleo debe ser siempre de los mexicanos y no de industrias mexicanas y extranjeras que sólo quieren llevarse la riqueza nacional. Tienen claro qué hay detrás de la reforma educativa, quién tiene la responsabilidad de la seguridad pública y por lo tanto quién hace negocios con los narcotraficantes. Quién manda, parece preguntarse Cui, su sobrino Lenin –hermano menor de Julio César–, y todos en esa casa. Ellos, ellos mandan, los poderosos. Pero saben que la Constitución dice todo lo contrario: el poder reside en el pueblo. Entonces hay que recuperarlo, pelear por ello.

Son luchadores eternos y de coyunturas, ante momentos adversos. Se levantan, gritan, protestan y se movilizan. Y además de eso, de la valentía imprudente y la dedicación al estudio, Julio César era amiguero, ayudaba a muchos y se preocupaba siempre por quienes lo rodeaban. Era también eso, un guía para muchos, a quienes aconsejaba, una mano tendida, la sonrisa de un joven en un pueblo que ahora parece siempre estar triste.

"Cuando estaba en la prepa era muy reservado. Había muchachas que se le acercaban, la preguntaban su nombre. En una ocasión, una chava se acercó y le empezó a hacer preguntas. Que cómo se llama y todo eso. Y Julio César le contestó. Pero luego luego le dijo que para qué quería saber. Y ella le respondió pues para saludarte, platicar. Y para qué, volvió a cuestionar él. Si aquí venimos a estudiar, no a andar noviando", contó Lenin, de 21 años.

Todavía le festejan ese momento a su hermano, porque además, en Tenería escribía pensamientos en una libreta y así "enamoraba" a las muchachas. Pero, también lo dicen, era muy reservado, y respetuoso.

Cui recuerda que antes, para entrar a una normal como la de Tenería, el único requisito era ser pobre e hijo de campesino. Eso les daba derecho a contar con una beca, pues la escuela era un internado y ahí les daban también comida. Ahora, manifestó con amargura, son los activistas del comité quienes controlan la admisión de alumnos, y los someten a pruebas que son "mariguanadas", como lo del examen físico y los cursos que dan los mismos alumnos, "cuando el asunto de la pedagogía no tiene nada qué ver con si tienes o no condición física... esto es nazismo, cuestiones tontas, banales, absurdas".

Los jóvenes activistas, agregó, se adueñan de la escuela, donde las autoridades educativas parecen desaparecer, e incurren en abusos en perjuicio de los aspirantes a primer grado. Entre las vejaciones está el que los obligaran a bañarse en lodo y a nadar en una alberca con agua estancada y lamosa. Así lo hicieron con Julio César y con cientos, miles de jóvenes, en planteles como Tenería, Ayotzinapa y Tiripetío. Era el castigo.

Ya sin escuela y después de haberse juntado con Marissa, una joven maestra originaria de Tlaxcala pero con domicilio en la Ciudad de México, Julio César decidió ponerse a trabajar. Lo hizo como vigilante en un centro comercial de Santa Fe, al norte del Distrito Federal. Justo el día en que descansó, una de las joyerías de este centro comercial fue asaltada por desconocidos.

Un día, llegó a casa de su tío Cui y le pidió que platicaran. Se sentaron a conversar. El joven le dijo que quería retomar sus estudios, porque él tenía que llegar a ser maestro normalista rural. Además, su joven compañera, Marissa, era ya maestra y venía un bebé en camino.

"Me dijo: 'Tío, ya tengo 22 años y creo que fue un gran error salirme de Tenerías, pude haber hecho algo más para quedarme. Y la verdad quiero regresar a estudiar, prepararme y ser maestro normalista.' Yo le contesté que había hablado demasiado en todos lados, y también en Tiripetío. No cambies tu forma de ser, le dije, pero debes aprender a quedarte callado… vete a la Universidad Pedagógica Nacional de Toluca, si tu vocación es el magisterio."

—No —contestó— lo mío es el normalismo rural. Me voy a Ayotzinapa.

—Se te va a ir el dinero en pasajes. Pero si es tu decisión, adelante. Yo te voy a echar la mano.

—Quiero darle futuro a mi hija.

Fue la última vez que platicaron seriamente. Cui ya lo había apoyado antes y lo volvió a hacer, además de que refrendaba la cercanía que tenían los sobrinos con él y el papel que él desempeñaba en el clan familiar, de por sí unido por tradición.

Afrodita Mondragón Fontes es su madre. Recordó que él seguido se quejaba de lo que gastaba en la renta de la casa –ubicada cerca de la estación del metro Observatorio–, en la Ciudad de México. Pero él también contaba con ella y hasta con los padres de Marissa, quienes le ofrecieron respaldarlo y le pidieron a la joven, ya embarazada, que lo apoyara para que el muchacho saliera adelante con sus sueños.

"Después de que se juntaron, fuimos al 'perdón' –ritual en el que se reúnen los padres de los novios luego de que éstos viven juntos, para que vean que hay buena fe de ambos y que les permitan continuar sus vidas en unión– y ahí el padre de Marissa le dijo: 'Apoya a este muchacho.' Julio César daba por hecho que entraba a la Normal de Ayotzinapa y que una vez que terminara la escuela, iba a tener trabajo y ganar dinero", manifestó.

Julio César, añadió, tenía esperanzas de haberlo pasado y así fue. Cuando partió para reiniciar sus estudios –desde el primer año, pues extrañamente no quiso hacerlo a partir de segundo grado–, se llevó una pala, un azadón, un machete, unos huaraches y una pequeña mochila.

Seguido se comunicaba por teléfono con Afrodita. Pasaban horas y horas hablando, aunque ella recuerda que más bien era un monólogo, pues se dedicaba a escuchar a su hijo que no paraba de hablar de la escuela, de lo duro que estaban los estudios pero también las jornadas extenuantes de trabajo físico. La última vez que habló con él fue también por teléfono. Ella lo tiene bien claro: "Me dijo que estaba todo muy peligroso, fue de las últimas veces que llamó… 'Está todo muy difícil, mamá. Los matan y ya. El gobierno mata muy seguido. Ha desaparecido a muchos jóvenes.' Y recordó el caso de los jóvenes ultimados a balazos en una gasolinería, en el 2011."

En el doble asesinato fueron muertos Jorge Alexis Herrera Pino y Gabriel Echeverría de Jesús, alumnos de la Normal Isidro Burgos, de Ayotzinapa, en diciembre de 2011, durante un desalojo. Alrededor de un mes después, murió en el hospital un empleado de la gasolinería donde fue el tiroteo, de nombre Gonzalo Miguel Rivas, de alrededor de veinte años, quien también había sido baleado.

Hasta ese momento, era todo lo que se sabía de Ayotzinapa, estado de Guerrero a nivel nacional: la represión por parte de la policía una protesta estudiantil que había derivado en bloqueo de calles.

Aun así, con todo y la represión y la sangre en esas calles por donde parece no haber Dios, Julio César festejaba sus avances en los estudios y el esfuerzo que hacía para salir adelante, ver a su esposa embarazada y encontrarse de nuevo con el resto de su familia. Cuando lo hacía, decía, de pie y con el puño izquierdo en alto: "¡Hasta la victoria, madre!", emulando a Ernesto Guevara de la Serna, El Che, emblemático y carismático jefe guerrillero de la Revolución Cubana, aunque nacido en Argentina.

¿Cómo está Julio?

Un familiar cercano mandó un mensaje por teléfono a Cuitláhuac. Eran alrededor de las catorce horas del 25 de septiembre de 2014 y fue así cómo se dio el diálogo que luego se convirtió en el inicio de una agria conversación y un episodio macabro y doloroso.

—¿Cómo está Julio?

—En Ayotzinapa, bien.

—¿Pero ya hablaste con él?

—El lunes, apenas. Platicamos por el chat.

—¿Seguro que está bien? ¿No has visto las noticias?

—No. No he tenido tiempo… con la maestría apenas tengo chanza. Al ratito prendo la tele.

—¿Entonces no está enterado de lo que pasó en Iguala?… es que hay muertos, reprimieron a los estudiantes.

Días antes, Julio César había perdido su teléfono celular. Para comunicarse con él, tenía que ser a través de un compañero de la escuela, identificado como César, originario de Tlaxcala, quien le prestaba su teléfono móvil y —luego se enterarían— también está entre los desaparecidos.

Lo último que supieron del joven es que le habían pedido materiales, pintura entre ellos, y le habló a Cui y a su madre para que lo apoyaran con algo de dinero. Cui recordó que la última vez que había estado ahí, en la casa de sus padres, le había dado 500 pesos.

En su página del Facebook está Julio César y otros dos jóvenes, sentados en la banca de una plaza. La imagen corresponde al 19 de septiembre de ese año. Entre los de la foto está César, su compañero de la escuela, quien le facilitaba el teléfono para que llamara a su familia o recibiera llamadas de sus parientes. Ahora, ninguno de los tres está. Trío de fantasmas y recuerdos y sonrisas sin labios ni voz: borrados de la faz de la tierra. A un lado aparece la leyenda, junto a la fecha: en Tixtla, Guerrero, del mes en curso. Julio César trae una camisa roja, que tiene pintada una cruz negra, como plasmada a brochazos, en el frente de la prenda.

Le llamaron. Nada. Otra vez. La misma respuesta del odioso buzón que invita a dejar mensaje de voz. Entonces es Marissa la que se comunica con ellos. Les dice que Julio está en la lista de desaparecidos. Momentos después cambia la versión. Aclara que es otro Julio, que se confundieron. Cui entonces decide acudir a casa de sus padres. Marisa alimenta la tensión cuando les dice que su pareja tampoco está entre los ejecutados, que para entonces sumaban seis.

Llega a la casa y Afrodita no sabía nada. Lenin se acerca al tío y le cuenta: "Es él. Uno de los ejecutados es él, el de la camiseta roja." Lo reconoce, asegura, por una cicatriz que tiene en una de sus manos. Y por la ropa y las facciones… de las faciales, de las que quedan muy pocas. Entonces les mostró la foto que ya aparecía en redes sociales, publicada en un medio electrónico conocido como Denuncia Ciudadana Iguala. Lo ve. Es su ropa, su piel, sus rasgos, la cicatriz, su mano. Es él. Pero no hay rostro.

"No estaba identificado pero supimos que era él por su ropa. Bueno, yo no tenía todavía la certeza pero Lenin y Marisa sí, por la ropa, por las facciones, las cicatrices que tan bien conocían", recordó Cui.

Alrededor de la una de la madrugada, entra al portal del periódico *El sur*, que tiene cierto prestigio en el estado de Guerrero. Abre la nota sobre la represión contra normalistas de Ayotzinapa y se entera de que había tres personas muertas, y entre ellas, aunque no estaban identificadas, había un joven cuyo cadáver había quedado a pocos metros del cuartel de los soldados, con características parecidas a un estudiante a quien conocían como El Chilango. Toda la noche en vela. Él lo sabía –y varios en la familia– que a Julio César así lo apodaban.

–¿Cómo le decían a Julio? –preguntó en voz alta, para sí, pero esperando que alguien le respondiera.

–El Chilango.

El 28 de septiembre, de madrugada de nuevo. Para Cuitláhuac, ya estaba confirmado. Eran muchas coincidencias y lo sabía, aunque hubiera querido tener indicios en sentido contrario o por lo menos esperar que estuviera entre los desaparecidos, algunos de los cuales luego, paulatinamente, fueron saliendo de sus guaridas. Pero muy pocos habían vuelto de esa larga noche en la que sólo hubo horas oscuras y sin manecillas.

No sabía cómo darles la noticia a su hermana y a la esposa de Julio César. No sabía qué hacer ni cómo enfrentar la situación, hasta que decidió viajar a Chilpancingo, a donde habían trasladado los cadáveres. Iban él y Marissa. Cuatro horas de viaje. Cuando llegaron se fueron directo al Servicio Médico Forense y fue ella, la que decidió entrar. Cui reconoce que tuvo miedo, que le faltó valor, que no tuvo más fuerzas. Aguardó afuera y ahí se topó con uno de los integrantes del comité y el director del plantel, José Luis Hernández.

–¿Y cómo están las cosas? –preguntó, fingiendo desconocer lo que había pasado.

–Solamente hay dos muertos… –respondió el del comité estudiantil.

"Yo sabía que había, en ese momento, 53 desaparecidos y tres ejecutados ¿Con qué intención me dijo eso? ¿Qué ocultaban los del comité, la dirección de la Normal? Quizá nunca lo sepamos. Yo le respondí que cómo era posible que dijera 'sólo dos'. ¿Y si fuera uno y ese uno fueras tú? ¿Igual lo minimizarías? Y ya no dijo nada. Me le quedé viendo, pensando: 'Si me contesta me lo trago… para darle unos chingadazos.'"

"'No son dos, sino tres muertos y también hay 53 desaparecidos. Y te voy a decir una cosa: a mí no me vas a echar tu rollito, yo soy egresado de la Normal de Tenerías y estuve en el comité. A mí no me quieras sorprender.' Eso fue lo que les dije. Inmediatamente desaparecieron."

Marissa salió y le confirmó lo que temía. Ese mismo día les dieron el cadáver, pero personal de la Comisión de Derechos Humanos de Guerrero les advirtió que se lo llevaran cuanto antes porque temían que un grupo armado se los quitara en el camino y no supieran más de él. Eso le sirvió de pretexto para negarse al homenaje que proponían hacerle los del comité en la Normal, en Iguala.

Un funcionario se les acercó y les dijo que de acuerdo con las posibilidades de ellos, qué servicio funerario iba a contratar para el traslado. Eso hizo que Cuitláhuac sintiera fuego por dentro. Enrabiado, les respondió que si encima del asesinato y de todo lo que les estaba pasando, tenían que pagar: "¿O sea que ni eso pueden hacer? ¿De qué me ven la cara? Fue un atentado del municipio, del Estado ¿y ni siquiera el cuerpo de mi sobrino me puedo llevar?"

El hombre aquel, a quien no logró identificar, reculó. Le dijo que no, que era un malentendido. Arreglaron todo para que la funeraria Chilpancingo hiciera el servicio, con cargo al gobierno estatal. Los de Derechos Humanos le informaron que el de su sobrino era un caso muy fuerte, con tortura de por medio, y que no había certeza de que llegaran con bien a casa, que se apuraran.

Personal de la Procuraduría General de Justicia del Estado le decía que podían aceptar dinero por concepto de reparación del daño, que a los familiares de los jóvenes muertos en la gasolinería les habían entregado un millón de pesos. Contestó que sólo le facilitaran las cosas, pero ellos insistieron. Le dijeron que era un buen dinero, que seguro les darían el doble porque "era un caso muy fuerte".

"Es mi derecho, sé que por ley me corresponde y no renuncio a ello, pero por lo pronto no quiero saber nada. Ellos comentaron que lo pensara, que era una buena cantidad. Yo sabía que querían que dejara de exigir justicia, que era como una compra de conciencia. Es una imprudencia, algo antiético, eso de tentarnos con el dinero: querer canjear la vida de un hombre, su muerte, por el olvido, por dejar de pelear", manifestó.

Por justicia, advirtió el tío del joven asesinado, se entiende aclaración de los hechos: quién fue y por qué, su detención y castigo, quien caiga.

La policía, luego de tanta insistencia, los escoltó… hasta Quetzamala, "y de ahí para adelante, con el Jesús en la boca. Eran pasadas las doce de la noche".

Nada

El informe de los periciales dice que lo mataron a golpes, con un objeto "contundente". Pero ni Cuitláhuac ni Lenin ni la joven viuda se lo creen. Por este hecho, está detenido un ex policía identificado como Luis Francisco Martínez Díaz, quien también estuvo presente esa noche funesta de septiembre, cuando fueron asesinados dos integrantes del equipo de futbol Avispones, el chofer y varios jugadores, quienes iban en un autobús y que aparentemente fueron confundidos por los agresores. A ellos les dispararon indiscriminadamente.

Entre jugadores y estudiantes hubo seis muertos y más de 23 jóvenes heridos, quienes no fueron auxiliados por autoridad alguna. La aprehensión fue cinco meses después del multihomicidio y la desaparición de los 43 estudiantes.

Cui se ríe. Su sobrino era fuerte y aunque no era de pleito, sabía enfrentar y salir de asuntos de ese tipo. Un solo policía, repite. Y vuelve a reírse. Es una risa dolorosa: más hiel que saliva y sal en esa sonrisa ladeada, incompleta, de sombras.

"No hay una investigación científica y sobre todo que sea confiable, porque Julio César no murió de un navajazo o balazo. Él fue golpeado brutalmente y sería ilógico, tonto, pensar que un solo policía fue el responsable de esto. Lo es porque aunque Julio César no era de pleito, sí sabía defenderse y era fuerte y los que lo conocían, lo respetaban."

Dijo que poco después de los hechos estuvieron con el procurador y también con el presidente Enrique

Peña Nieto. Ahí les informaron de los avances, que eran casi nulos, y establecieron compromisos muy claros, que eran diez. Se quejaron, el procurador y el mandatario nacional, de los medios de comunicación, de lo que publicaban, y se comprometieron a informar a los familiares de las víctimas, antes que a los medios, de los avances.

Pero nunca lo hicieron. Es más, asegura Cui, ellos se siguen enterando de esos supuestos avances a través de periódicos, radio y televisión, aunque saben que de fondo, sustancialmente, no hay avances.

"Todo sigue sin justicia. Insisten en que fue un hecho aislado, que hay detenidos, pero no les creemos."

–¿Has vuelto a Iguala para ver los avances?

–Sí, hemos vuelto.

–¿Y qué hay de nuevo?

–Nada. Sólo que abrieron dos expedientes sobre el caso de mi sobrino: uno por su ejecución y la de los jugadores y el chofer del equipo Avispones, y otro por delincuencia organizada. Pero son expedientes raquíticos, no hay una investigación contundente… son expedientes flacos, escuetos, a seis meses de la masacre. No hay avances, en sustancia. Ahora nos piden que lo olvidemos, que lo superemos. Lo piden Vicente Fox y Peña Nieto. Qué imbéciles. Y hacen cambios en el gobierno pero nosotros sabemos, lo tenemos bien claro: son las mismas caras, con el mismo resultado: nada.

Contexto

Los jóvenes habían sido enviados a colectar dinero, como suelen hacer. Se los ordenó el Comité Estudiantil, los llamados activistas. Esa noche del 26 de septiembre y madrugada del 27 se destapó una cloaca dolorosa, podrida y tristemente memorable. Una cloaca de muchos túneles venosos, llenos de sangre y corrupción. Túneles, canales, ríos, mares. Todos conducen al gobierno, a todos los niveles, y al crimen organizado. Ambos, que son uno solo. Allá, arriba, en las cumbres. Y abajo, en las apestosas y cotidianas catacumbas.

Todo es confuso, desde entonces. Algunas versiones dicen que los policías actuaron por órdenes del alcalde, José Luis Abarca y su esposa, María de los Ángeles Pineda, en complicidad con grupos criminales y a través del jefe de la policía local, Felipe Flores. Que pensaron que eran narcotraficantes, enviados por cárteles enemigos a los que sirven las autoridades de esta región de Guerrero.

Pero la mayoría de estas voces dicen que el cártel Guerreros Unidos y la Policía de Iguala actuaron juntos y con el mismo objetivo: aniquilar a toda costa a los estudiantes que colectaban, que tomaban camiones, que protestaban. Detenerlos por cualquier razón. Detenerlos y reprimirlos. Y extinguirlos.

El choque fue brutal. Fue más bien un aplastamiento de todo tipo de inconformidad social: les pasaron por encima y en la confusión, el abuso de poder, la arbitrariedad, se llevaron a los futbolistas de Avispones.

En las calles de Iguala se hablaba de muchas balaceras. Los tiros se escuchaban cerca y lejos. Todo era humo, polvo, el terror vuelto viento y fusil y fuego. Los periodistas, enterados del agarrón a balazos, optaron por refugiarse. Nadie quiso acudir a cubrir los hechos, tomar fotos, reportear, por miedo a ser herido o asesinado. Y mientras unos avisaban de los primeros ataques, ya estaban ejecutando a otros y operando para desaparecer a los jóvenes normalistas.

Los estudiantes fueron sometidos, torturados y desaparecidos. La cifra inicial era de más de 50, cuyo paradero era desconocido. La cifra fue bajando poco a poco, al paso de las horas, porque algunos de ellos, que se habían escondido por miedo, empezaron a salir de sus guaridas, casas o de donde fuera. Hasta que el número de desaparecidos llegó a 43 y ahí se quedó.

En enero, la versión de la Procuraduría General de la República (PGR) –que atrajo las indagatorias del caso– indica que los jóvenes fueron golpeados con salvajismo, pero ninguno como Julio César, a quien además de desollar vivo le sacaron los ojos y lo expusieron públicamente. A los otros, dicen, los trituraron e incineraron, y sus restos fueron lanzados a un río. Pero no hay pruebas que respalden esta información, ya que se basó, denuncian insistentemente los familiares de los desaparecidos, en declaraciones de detenidos.

Algunos de los jóvenes que lograron evadir el operativo pidieron apoyo a los militares, quienes se limitaron a tomarles fotos y apuntar sus nombres, regañarlos y retenerlos ilegalmente. Pero ninguno de ellos intervino a pesar de la masacre. Muchos de los lesionados fueron sacados de los hospitales por militares, quienes luego los entregaron a los policías.

En marzo de 2015, Jesús Murillo Karam fue removido de la titularidad de la PGR, ante el fracaso en las pesquisas del caso Ayotzinapa y el desgaste del gobierno de Peña Nieto, y enviado a la Secretaría de Desarrollo Agrario, Territorial y Urbano (Sedatu). En su lugar fue nombrada Arely Gómez, hermana de Leopoldo, vicepresidente de Noticieros Televisa.

Protestas, muchas. Una de ellas, de las primeras, logró concentrar a por lo menos 25 000 personas en la Ciudad de México. En medio de este ambiente, hubo un centenar de países de América y el mundo donde las protestas se multiplicaron. Algunas de ellas han seguido al presidente de la República, cuyo mandato pasó a ser repudiado en México y allende las fronteras.

En uno de los reportes más recientes, la PGR informó que sumaban 104 detenciones. Así lo informó los últimos días de marzo de 2015 su nueva titular, Arely Gómez.

Pero a los inconformes y mucho menos a los familiares de las víctimas no les importa esta cifra. Hay mucho más que números detrás de los asesinatos, torturas y desapariciones. Organismos internacionales, como Amnistía Internacional, piden que el caso sea categorizado como desaparición forzada y no como homicidio por la PGR, para que no caduque.

Las más importantes pruebas y estudios periciales, a petición de activistas y de padres de los normalistas, las han realizado en el extranjero, especialistas de Estados Unidos, Argentina, Australia y otros países, ante las deficiencias de las pesquisas realizadas por las autoridades mexicanas, la complicidad entre éstas y el narcotráfico, y la poca o nula credibilidad.

Buena parte de la ciudadanía y de gobiernos extranjeros pusieron en duda la "verdad histórica" planteada por la administración de Peña Nieto, cuyo mandato se desmoronó poco después de cumplir dos años de gobierno.

Por eso, a su paso por México y el mundo, en multitudinarios conciertos musicales, actos deportivos, culturales o sociales, cualquier atisbo de vida pública y toma de calle, estadio o edificio, se replica "nos faltan 43".

Sevicia

El 13 de noviembre de 2014, en una nota firmada por la connotada periodista Blanche Petrich, en *La Jornada*, la especialista Clemencia Ortega, psicóloga y experta en acompañamiento psicosocial, opinó: "La sevicia, como crueldad extrema, como acción para imponer sufrimiento y transmitir un mensaje aterrador, se hizo presente en los crímenes de Iguala, en particular en el cuerpo del joven estudiante mexiquense Julio César Mondragón."

Dijo que la muerte por tortura, en este caso desollamiento, tiene como objetivo "la intención de que la sociedad pase del miedo al terror; que pretende no sólo paralizar y generar incertidumbre, sino destruir los valores de la comunidad, de la familia de la víctima".

En la nota, puede leerse:

> En los años 90, como parte del equipo de la Comisión Intereclesial Justicia y Paz de Colombia, Clemencia Correa trabajó en atención a víctimas del paramilitarismo en la región afrocolombiana del Chocó. Un hecho singular marcó la historia de múltiples violencias en el país en esa época: el asesinato del líder campesino Ma-

rino López, a orillas del río Cacarica, decapitado. Los agresores, que actuaban en coordinación con el ejército colombiano, jugaron futbol con la cabeza ante la mirada desmayada de espanto de la población. El resto del cuerpo lo arrojaron a una piara de puercos.

Es sólo un episodio de una guerra larga y cruenta, pero que quedó en la memoria colectiva como caso emblemático, símbolo del extremo al que podía llegar la violencia como demostración de poder. Por la colaboración en la búsqueda de la verdad y el acompañamiento de las víctimas del río Cacarica, Correa fue amenazada de muerte y salió al exilio.

Egresada de la Universidad Javeriana, fue perito psicosocial ante la Corte Interamericana de Derechos Humanos, que juzgó este caso, por el cual fue detenido y sentenciado el general Rito Alejo, entonces comandante de la zona militar, por sus vínculos con el paramilitarismo.

Correa fue catedrática del posgrado de derechos humanos de la Universidad Autónoma de la Ciudad de México (UACM) y en la actualidad brinda atención a víctimas y defensores desde la organización no gubernamental que dirige, Aluna.

En entrevista, señala que en el caso de Iguala, concretamente la tortura y ejecución extrajudicial de Julio César por uniformados el 26 de septiembre, tiene un paralelismo con el caso de Marino, de El Chocó, porque significó un salto cualitativo en la naturaleza del hecho violento. Lo ubica como una acción de sevicia inscrita en un marco de una guerra psicológica.

Por el efecto del terror provocado por la imagen del joven cadáver sin rostro ni ojos que circuló en redes sociales, a este crimen se le minimizó no sólo en el discurso oficial sino también en la atención de las movilizaciones sociales. "No queríamos o no podíamos ver lo que había sucedido, por no tener que reconocer esa dimensión de lo perverso."

Hasta ahora la Procuraduría General de la República (PGR) no ha informado que haya ubicado el origen de la fotografía, al autor y responsable de haberla puesto en circulación, una pista que podría conducir a los asesinos.

Esa imagen representa otra dimensión del terror, no sólo de lo que hicieron los agresores, sino de lo que son capaces de hacer.

Como no hay certeza de cómo sucedió el hecho, es inevitable preguntarse si murió por los golpes en la cabeza y luego fue desollado o viceversa. Son preguntas sin respuesta que lastiman profundamente. Pero, además, dejan ver otras sombras. Lo que se aprecia es que quien lo hizo, lo sabe hacer. Y que al dejar expuesto el cuerpo se quiso mandar un mensaje.

La experta destaca que, como en el caso de las desapariciones, en el del asesinato por tortura de Mondragón, de 22 años, es evidente la responsabilidad del Estado.

Antes, por todos los antecedentes de persecución, represión y criminalización a los estudiantes normalistas en Guerrero. Durante, por la participación protagónica de policías en los hechos, la omisión del Ejército en la protección de los ciudadanos atacados y porque, en ese caso, la PGR ni siquiera ha argumentado que el joven haya sido entregado por la policía a los sicarios. Y después, por la forma como la familia es revictimizada por el Servicio Médico Forense en Chilpancingo, por la negativa a entregarles la necropsia, que es su derecho, y por la forma como los funcionarios, desde el nivel más básico hasta el procurador Jesús Murillo Karam, se han referido a "el desollado", como un estigma.

Considera que el efecto de las 43 desapariciones forzadas y la versión que quiere imponer la PGR, sobre la imposibilidad de encontrar los restos y darle a las familias certeza jurídica sobre su destino no tuvo el efecto paralizador que se pretendía. Pero, al menos hasta ahora, en el caso de Julio César a escala social no se alcanza todavía a dimensionar lo que significó este nivel de tortura.

Reconoce, sin embargo, que se han logrado algunos avances para revertir el aislamiento inicial, gracias a que los centros de derechos humanos como Tlachinollan, al nombrarlo y defenderlo jurídicamente, le devuelven la identidad. Y la familia está haciendo un esfuerzo en ese sentido. A veces el efecto traumático es tan profundo que los familiares no lo pueden ni nombrar.

En la nota, aparece el abuelo de Julio César, Raúl Mondragón, posando en el patio de su casa, en Tecomatlán, junto a una maceta en cuyo centro, lleno de tierra, está un pequeño árbol de Nogal. El mismo que su nieto plantó poco antes de irse a Ayotzinapa. Poco antes de morir.

Para el psicoanalista Raúl Páramo Ortega, en el artículo "Tortura, antípoda de la compasión", señala que se fracasa si se quiere caracterizar al torturador como una patología individual, ya que es resultado y reflejo de un tipo de sociedad, en este caso la nuestra.

> Las explicaciones a nivel de psicopatología individual siguen fracasando al querer caracterizar la personalidad del torturador. Ninguna explicación individual basta porque en realidad la personalidad del torturador corresponde a un tipo determinado de sociedad con la que se confunde. […] si algo tiene ese tipo de personalidad es precisamente no ser a-social sino producto neto de un tipo de sociedad.

En la nota sobre su declaración, publicada en el periódico *Zócalo*, el 6 de noviembre de 2014, manifestó que la sociedad que crea condiciones propicias para la tortura es aquella educada para la competencia, el egoísmo, la obediencia ciega, el autoritarismo y la violencia. Sin duda, todas esas características las encontramos en el México de hoy.

> El presupuesto fundamental, el núcleo central para que la tortura sea tortura, es el que el otro esté a mi merced. La disponibilidad –ciertamente forzada– del otro es condición previa para la tortura. En la medida en que se dé la situación de impotencia total, estará dada la invitación/seducción a cierto grado de tortura.

Afirmó que los mexicanos se encuentran vulnerables e indefensos ante poderes arbitrarios y opresores como la delincuencia organizada, la policía, el ejército y la burocracia, es decir, frente al propio Estado. Esto es desde ya, nos dice Páramo, una tortura incipiente instituida: la arbitrariedad de las autoridades, el abuso de poder, el desprecio por los derechos y la dignidad de las personas por parte de los gobernantes es la antesala de la tortura, ésta es el abuso de poder llevado al extremo.

Con estas condiciones de vulnerabilidad, desde luego dadas en Iguala, los torturadores enviaron su mensaje. De acuerdo con el artículo, el torturador

pretende ante todo mostrar y mostrarse que es él incuestionablemente el más fuerte. Es su propósito fundamental, así sea enmascarado con pretextos racionalizadores del tipo de "lo hago para obtener información útil para el Estado", "estoy obedeciendo", "cumplo con mi deber", "defiendo los valores de la civilización occidental". La tortura requiere ideología. La práctica de la tortura no viene a ser otra cosa sino la concreción más extrema del uso del poder. La tortura es la práctica por excelencia del poder total. Los torturadores son poderosos o no son torturadores.

La catedrática e investigadora del Instituto Tecnológico y de Estudios Superiores de Occidente (Iteso), Rossana Reguillo, escribió en el sitio de internet Horizontal, el 26 de marzo:

Ayotzinapa es el símbolo de que algo muy profundo se rompió en el cuerpo de la nación; después del 26 de septiembre de 2014 nada puede ser ya igual. No es que no hubiera antes esa bárbara violencia, esa descomposición de las instituciones, pero Ayotzinapa marcó un punto de inflexión porque develó el rostro del juvenicidio en el país.

Cuánta saña

Sentada en una de las sillas de ese comedor, Afrodita Mondragón Fontes, madre de Julio César, parece despierta y sin heridas. Se ve vivaz, de buen ánimo. Sus 42 no pesan en sus párpados ni se ensañan con sus ojeras. Se dicen consciente de todo: de que él se haya ido a estudiar tan lejos teniendo otras opciones más cercanas y económicas, de su muerte tan dolorosa, de que muchos le llorarán un ratito, como hicieron durante las exequias o cada vez que se acuerdan. Ella lo hará toda la vida.

Su voz suena como taladro. Cuando empezó a hablarse de Ayotzinapa, los muertos en Iguala y luego los desaparecidos, pensó "que todo era un sueño, que él me iba a llamar en cualquier momento, pues aquello sólo era un simple, un mínimo error".

Acepta todo y está consciente de lo que pasó, asegura. Pero no acepta que su hijo no volverá a llamarle, a pasarse horas planchándole la oreja de tanto que hablaba y hablaba, con esa pasión, de lo que estaba estudiando y aprendiendo, de sus sueños, su esposa e hija.

"Ese que estaba en el ataúd es mi hijo. Pero ningún ser humano se merece esa muerte. Nadie tiene por qué sufrirla. Pero además, mi hijo era buen ser humano, buena persona. No era de riñas ni conflictos. Era inocente. Qué dolor y qué duro y qué gente tan cobarde...

nadie se lo merece. Nadie debe morir así. Así con esa saña, con ese coraje", comentó.

A Julio César, agregó, le preocupaba a dónde iba el país y quería ser alguien importante en la vida, pero sabía que aquí no hay justicia y que todo se ha complicado con tanta violencia y corrupción.

"Si hay tanta gente mala, ¿por qué a mi muchacho le hicieron esto? ¿Por qué a mi hijo si no había guerra ni conflicto? ¿Acaso el crimen es ese, ser estudiante y joven, un estudiante pobre, humilde, de bien, comprometido, responsable, con principios? No me cabe en la cabeza tanta cobardía... tampoco que a Peña Nieto no le interesen los pobres ni hacer justicia."

Quiero que regrese

Es marzo y el cielo tiene los ojos llorosos. El arrebol de las nubes se mide por ese tono grisáceo, de un azul triste, mortecino y nostálgico. Es marzo y ya es tarde y el sol se declara en tregua, pero no cede porque allá, encima de los cerros, mucho más allá, todavía hay haz de luz que araña el firmamento y lo distorsiona. Es tarde y anochece y Marissa, viuda de Julio César, fue a verlo al panteón, muy cerca de ahí, a llevarle un "ramito" de flores.

Tres años de novios y luego esposos. Recuerda que se puso feliz cuando supo que iba a ser papá, platicaba mucho con la bebé, desde el otro lado de la panza de ella. Se tuvo que ir a la Normal, pocos días antes de que ella diera a luz, pero afortunadamente le dieron permiso para que llegara a Tlaxcala, donde viven los padres de Marissa, para que la acompañaran durante el parto.

Ese día se le veía triste. Y es que al otro día se tenía que regresar a la escuela, aunque en quince días más iba a estar de nuevo ahí y así sucedió ese 11 de septiembre: el último día que lo vio con vida.

"Pues es un momento muy difícil, ¿no? Cada día que pasa, se va intensificando la tristeza. A veces me encuentro sola y me pongo a pensar. A veces hasta lloro. Es muy difícil y más porque pues cada fecha, cada inicio de año, cada mes, cada año, viví muchas cosas con él, entonces me hace recordar por muchas razones, sobre todo en donde tiene su pobre casa, allá en el DF la cual me trae muchos recuerdos en donde vivíamos juntos, en donde platicábamos y al ver sus fotografías… me cuesta mucho."

Marissa cuenta que ambos se conocieron en un aniversario de la Normal de Tenería. Ella fue a bailar porque formaba parte de un club de danza y había egresado de la Normal de Panotla, en Tlaxcala. Que lo vio, sí, pero como un joven más, a quien no le tomó importancia. Pasó el tiempo y se trataron, y hasta establecieron contacto a través del Facebook y "pensé que quizá fuera a formar parte de mi vida".

Una fue a la casa del otro y viceversa. Ya enamorados, coincidieron en que querían tener un bebé. Ella tiene ahora 24 años y su hija cumplió ocho meses el 30 de marzo.

–¿Ves algo de él en ella?

–Todo. En lo físico, el color de la piel, los ojos.

–¿Se quedó entonces?

–Sí, pero en chiquito.

–¿Y algunos gestos o actitudes en ella?

–Pues muy seria, inclusive Julio era muy serio, no se reía. A veces yo le platicaba algo con tal de que se riera, y no, se quedaba muy serio. Entonces es lo que tiene mi hija, a veces quiero hacerla reír y sí se ríe, pero secamente.

–¿Cómo reaccionó él cuando supo que estabas embarazada y cuando nació?

–Pues muy feliz estaba, inclusive yo no me hacía a la idea de que estaba embarazada porque pues todavía quería seguir estudiando, quería seguir superándome, y él me decía: "Ve el lado bueno, vamos a tener un bebé, vamos a ser papás." Estaba muy contento. Entonces a partir de ahí conforme fue desarrollándose el embarazo platicamos, incluso cuando estaba en mi vientre le platicábamos mucho, le dibujábamos caritas a la pancita y tomábamos fotos aquí fotos allá y después cuando ya estaba en días para que mi hija naciera, pues él se tuvo que ir a la normal.

Pensábamos que no iba estar en el momento más importante, en el momento del parto, pero afortunadamente le dieron permiso de salir y estuvo conmigo, tuve a la niña en el estado de Tlaxcala, allá de donde son mis papás y de donde soy originaria. En el municipio de Coutla.

Me fui para allá y me fue a alcanzar él, cuando le dieron permiso en la Normal, y precisamente llegó él un martes y para el miércoles yo tuve mis dolores.

Ambos tenían la idea de que los bebés son feos cuando nacen. Por eso, ambos le decían "ratita" de cariño. Estaba feliz pero luego se puso triste. Se tenía que regresar a Ayotzinapa.

Marissa recuerda que cuando él le decía que quería ser maestro normalista rural, ella le contestaba que le echara ganas y luchara por alcanzar sus sueños. Así lo hizo cuando él se tuvo que ir a Michoacán, "entonces me decía que las palabras que yo le dijera eran de aliento de que realmente iba a echarle muchas ganas. Como no quedó, se regresó y se puso muy triste, dijo que era un fracaso y se preguntaba qué había pasado ya que le había echado muchas ganas. Entonces le dije que no se deprimiera que había más oportunidades que no sólo en esa escuela, que él podía entrar en la benemérita que se encuentra en el D.F. y que pues juntos podíamos echarle ganas, yo lo quería apoyar de manera constante, entonces da la casualidad de que un día me comenta que le había interesado Ayotzinapa, cuando me dijo eso yo me decaí, le dije que no porque ya estaba embarazada".

Cuando le hizo este anuncio, ella se resistió. Ya estaba embarazada y él lo sabía. Trabajaba, estaba al frente del hogar en la Ciudad de México, y ahora él estaría lejos. Le insistió en que debía estar cerca, ver crecer a la bebé, involucrarse en su educación y en el hogar. Pero él se sostuvo… y a los días, se fue.

—Yo le dije que teníamos que estar cerca de ella, verla crecer juntos, escucharla decir su primer palabra, ver sus primeros pasos. Entonces me decía que viera todo por el lado bueno, que él se iba a superar, que todo lo que él iba a sacar de ahí iba a ser a beneficio de su familia.

—¿Qué le vas a decir a ella cuando le hables de Julio César?

—Pues lo mejor. Realmente le voy a decir la verdad. Que desde que ella estaba en mi vientre él ya era un buen padre y que la estábamos esperando mucho.

Marisa llora y consigue una servilleta de papel para limpiarse. Moquea y su rostro se le transforma y hay luz y luego se apagan sus ojos, y de nuevo aparecen esos rayos esperanzadores, demenciales porque la realidad es dura y no cabe tanta verdad en esa mujer de 24 años que ya es madre y maestra y viuda, y que no lo puede creer.

Manifestó que Julio César se quejaba de las extenuantes jornadas de trabajo a las que los obligaban. Ya no aguantaba y lo decía. Era muy pesado y además denigrante.

—No se acostumbraba a que les hicieran una especie de sanciones fuera de lo común, algo de lo que él ya estaba cansado.

—¿Como cuáles?

—Decía que lo tiraban en agua sucia y lo obligaban a que diera vueltas, o que se metiera en la alberca llena de lama y totalmente sucia, y si no se metía los aventaban.

—¿Por qué les hacían eso?

—Por no cumplir con las indicaciones que se les pedían, o por cositas como dormirse en las reuniones que ellos tenían, él simplemente ya estaba cansado y que ya quería salirse pero que estaba esperando al mes de diciembre para pasar el primer semestre y continuar en la Benemérita.

Ese 11 de septiembre, cuando se vieron por última vez, ella y su hija lo acompañaron a la central de autobuses. Eran entre las seis y las siete de la mañana y sucedió algo extraño. Ella lo despedía, él decía que se iba y luego daba cinco pasos, y después los desandaba y se regresaba. Así lo hizo dos, tres veces.

"Avanzó cinco pasos, me volteó a mirar, se me quedó viendo. Después se dio la vuelta, avanzó otros cinco pasos, aproximadamente. Volteó a verme otra vez, se dio la vuelta y se fue. Se subió al autobús."

El dictamen médico, que ella tuvo en sus manos, indica que murió por un golpe en la cabeza. Uno fuerte. Pero realmente no sabe más detalles de la necropsia, porque "cuando fuimos a recoger el cuerpo, nos mandaban a Iguala a recoger ese expediente, pero en ese momento nadie quería ir a Iguala y ese informe se lo pasaban los de Semefo por vía telefónica para dar la orden de entregar el acta de defunción".

"A veces quiero que regrese. Quiero que regrese y que esté con nosotras… y a veces siento eso: que él está vivo y que quizá regrese cuando aparezcan los 43. Él va a regresar."

Dice que tiene esperanzas, a pesar de que fue ella quien acudió al Servicio Médico Forense a identificar el cadáver y estuvo en su sepelio y vio cuando el féretro se hundió en la tierra y desapareció para siempre en el camposanto.

"Yo reconocí el cuerpo, lo velamos, lo enterramos pero yo tengo esa corazonada de que él aún sigue vivo."

Premonición

En el cuaderno que Julio César Mondragón Fontes usó como diario, hay versos, letras que parecen de canciones y también dibujos. Cartas empezadas que nunca terminó y mensajes íntimos, a algún amor o ilusión. Pero siempre era él, sus estrellas en lo alto, sus lunas de octubre en cualquier mes del año y esa forma de ser, indeclinable y fuerte, honesta y divertida, queriendo arreglar el país, ayudando a sus amigos, escuchándolos y manteniéndose cerca de su tío Cui, de su madre y su hermano Lenin, y claro, de su esposa Marissa.

En una de las últimas páginas se lee: "Una persona como tú es difícil de encontrar, fácil de querer e imposible de olvidar."

Luego mensajes de amor, palabras sobre la amistad y sobre sí mismo: "Te regalo lo único que tengo: mi corazón. Ya no lo necesito, porque ahora vivo en el tuyo."

En la última hoja que rayó hay un dibujo. Es una muerte. Grande, casi del tamaño de la hoja de ese cuaderno tamaño carta. Una muerte que sonríe, macabra. Y trae una guadaña que parece destellar. También grande, en lo alto. Una muerte sin ojos, huesuda, con los dientes expuestos. Así, como él, tirado, ensangrentado, todos los huecos y músculos y huesos a la vista, luego de ser asesinado.

Epílogo
Infancia perdida

México no es lugar para infantes. No son buenos tiempos para su niñez. Todo lo contrario. Y Nashieli Ramírez Hernández lo sabe y le duele: "Hay en el país —asegura—, una infancia perdida, atrapada entre las balas del narco, las desapariciones, la orfandad y la pobreza." Ella fundó y coordina la organización Ririki Intervenciones Sociales, que estudia la infancia mexicana como fenómeno social, apoya a los niños afectados y propone políticas públicas para enfrentar estos problemas.

Nashieli tiene 55 años y es originaria del Distrito Federal. Ha recorrido buena parte del país, incluidos Sinaloa, Chihuahua y otras regiones violentas, lacerando su existencia pero fortaleciendo su idea de que los niños en este país merecen otro futuro, no éste que se ha convertido en un hospital siquiátrico, en una extensa área de terapia intensiva, sin amaneceres, en un inmedible panteón de mañanas.

Es *infantóloga*, aunque la palabra no existe. Así la llaman y por esa pasión por la infancia se le conoce en el país. Los estudiosos del tema la citan, los periodistas la buscan, los niños la aman y el gobierno le teme por su capacidad crítica. Es de baja estatura pero brava, llena de coraje y valentía. Detrás de esas antiparras de aumento, hay una mujer entera, insumisa y peleonera.

–¿Seguimos en el país con una infancia perdida?

–Pues sí. Creo que seguimos en un país con infancias de desarrollos desiguales. Pocos la pasan muy bien y la gran mayoría de los niños, no. El primer dato que nos refleja esta gran deuda, y que los niños más la sufren, es pobreza: según los últimos datos del Consejo Nacional de Evaluación de la Política Social (Coneval), 43 por ciento de la población adulta vive en la pobreza; si ese mismo indicador lo ves con menores de 18 años, asciende a 52 por ciento.

Esto refleja no sólo la cantidad inmensa de pobres que hay en el país, sino que la pobreza afecta más a los niños. Por eso todas las políticas públicas deberían atender a esos niños. Pero no es así.

–Has trabajado también la violencia y el narcotráfico, su impacto en niños.

–Bueno, he trabajado la violencia en niños y adolescentes que ocurre en todos los espacios. En cuanto a la violencia ligada al narcotráfico y las políticas para acabar con el narcotráfico, éstas afectan de manera muy especial a los niños. He trabajado en entidades donde se da más esta situación, donde es más evidente y generalizada; aunque el narcotráfico no perdona a ningún estado del país, está en todos lados. Pero la intensidad y la lucha por los territorios están focalizadas en algunos sitios, y por esta situación hay fenómenos muy preocupantes que consisten en la presencia de menores de edad en estas actividades, por eso buscamos un acercamiento con las autoridades que no respeta protocolos: pedimos que en cualquier escena o reacción no haya menores de edad, y si los hay, que tengan protección.

"Pero todos hemos visto en los medios, en la prensa, niños que pasan por una escuela y de repente tienen que ponerse pecho a tierra, que van cruzando la calle en medio de un hecho violento. Estuvieron en un mal momento, en un lugar equivocado, y son afectados en su integridad física. Otra parte son los levantamientos (privación ilegal de la libertad) de muchos, sobre todo de adolescentes que están siendo cooptados, ya sea por la buena o por la mala, por el narcotráfico."

"Cuando digo 'por la buena' es que tenemos un problema de lo que estamos ofreciendo como futuro a muchísimos adolescentes. Los procesos de marginalidad, el fenómeno de pérdida de la educación como motor de movilidad social, hacen que los adolescentes tengan una visión de futuro y de proyecto de vida muy a corto plazo."

"Por un lado tenemos una oferta de educación consumista que nos gana en todos los espacios, en términos de lo que te puede hacer feliz: niños formados por el consumismo, y bueno, es entendible aunque no justificable, que digan que prefieren arriesgarse un año la vida, vivirla a fondo, pero tener lo que sus padres no pueden darles... y se la jueguen por unos tenis Nike o una camisa o un pantalón de marca."

–Es como si estuviéramos en un país sin futuro, por las condiciones en que se desenvuelven los niños: por un lado la cooptación del narco y su violencia, y por el otro la pobreza que no ofrece condiciones de vida digna: o los mata el narco o los mutila la vida que les ofrece este país, sin opciones ni oportunidades.

–Sí, así lo considero. Tenemos una deuda enorme en términos de garantías, de derechos para estos niños y niñas y adolescentes; además, cuando hablamos de los derechos de la infancia nos referimos a una gran responsabilidad de los adultos: hacer efectivos esos derechos, pero ahí los adultos fallamos.

"Por otra parte, coincido en que en este país no le apostamos al futuro, pues a muchísimos niños en México, lo que está marcando su futuro es reproducir las mismas desigualdades de sus padres. No hay una apuesta para que se rompa con ese ciclo, desde la lógica de la violencia, pero también desde la lógica del contexto educativo. Mantenemos roto el sentido de la movilidad social, de la educación, pero también roto el sentido del imperativo ético de la educación."

"Lo que te puede dar satisfacción en términos de ser humano, de aprender sobre el mundo, te lo niega un sistema educativo que no está cumpliendo con esa labor. Entonces gana la calle, el internet, la televisión. Hay una crisis de adultos educadores, así lo planteo siempre. Pero parece que nadie se hace responsable, no hay políticas del gobierno que atiendan esto y parece ahondarse la crisis que afecta a los niños."

"Además, tenemos que agregar la violencia escolar. Y aunque siempre ha existido se ha descontextualizado, como si no fuera un reflejo lo que pasa en otros ambientes en los que el niño crece y se desarrolla. Y también suele apreciarse como si fuera la violencia más preocupante, lo cual tampoco es cierto."

"Yo insisto en que lo que pasa en la escuela, generado en la escuela, tiene que ver con la pérdida de la visión socializadora de la escuela, creada para un acuerdo social. Pero eso se ha perdido. Lo que tenemos en su lugar son adultos que no hacen mediaciones de la violencia. Que no analizan cómo se convive con el otro, cómo te haces ciudadano… antes se hacía en ese espacio socializador, donde había adultos que mediaban tus relaciones con los demás. Ahora tienes reflejos más intensos de violencia entre los adolescentes y los niños, pero los conflictos siempre han estado presentes, y no derivaban en eso porque había un mediador."

"Lo otro es que la violencia en la escuela es reflejo de la violencia entre los propios adultos. Entre ellos, entre los adultos de la escuela hacia los niños, y también en el contexto de la escuela. Cada vez que se plantea esto y hay una violencia estructural muy fuerte, y lo único que se hace es revisar las mochilas para ver qué traen los niños."

"¿Y qué pasa en realidad? salen de la escuela para enfrentar un contexto en el que les venden hasta drogas, o los agreden, pues hay escuelas sin protocolos de seguridad. Y si se presenta una persecución y se monta un operativo que pasa por una escuela y se desarrolla el operativo sin importar la presencia de los niños, pues también hay un ambiente de violencia escolar."

"Eso es lo que ha pasado en los últimos casi cinco años en la zona de Renacimiento, en Acapulco, y los maestros dicen 'yo ya no di clases porque el contexto no lo permite', y eso también es violencia escolar. Focalizamos diferente, criminalizamos a las familias si pasan cosas, entonces la gente dice '¿Dónde estaban los papás, las mamás?' Yo digo que la mayoría de ellos no estaban jugando tenis, estaban sacando adelante un trabajo mal pagado."

"Todos estos procesos de exclusión social provocan un déficit de la presencia de los adultos frente a los niños y jóvenes; además, con la diversidad de familias que hay en México, se atiende la violencia desde la lógica del deber ser, desde la lógica moral y moralina, en lugar de una lógica de reconocimiento de la diversidad."

–Alguna vez dijiste que la violencia en las casas era peor que la violencia en las calles, a pesar de lo que cuentan los diarios. Lo planteaste en el contexto de ciudades como Juárez, durante el gobierno de Felipe Calderón, ¿sigue vigente esta afirmación?

–Sí, aún lo es. Una de las violencias que más incide en niños y adolescentes es la que surge al interior de su familia: la cantidad de víctimas afectadas alcanza más de la mitad de los niños de este país. En lugares donde hay una violencia estructural muy fuerte, se oculta. Cuando tienes la violencia fuera, la de lucha por territorios, donde la vida de los niños se ve impactada por el fuego cruzado y por la muerte de gente cercana de manera cotidiana, donde la muerte pasa rondando por sus vidas, la violencia interior pasa a segundo plano, porque la otra es muy impactante, con esto la violencia que se da en las calles oculta a la interior.

"La violencia de afuera persiste, y lo que pasa es que la interior ya no se ve. El año pasado, en 2014, si ves las notas, estaba prácticamente cargada a la violencia entre pares y hablaban de *bullying*, pero el acoso escolar tiene ciertas características que la mayoría no aborda como amerita. Un episodio de violencia entre niños no es necesariamente equiparable a *bullying*, porque éste requiere cierta constancia y requiere de un mediador, pero durante muchísimo tiempo se prefirió 'hazte de la vista gorda', 'no intervengas' y pensar que los chavos resolverían sus conflictos solos."

"Así fue todo el año pasado, estuvo cargado de eso, la violencia que sufrían los niños mexicanos era provocada por ellos mismos, o provocada entre ellos, culpa de víctimas y victimarios. Los niños depositan la carga violenta en otros niños y se dice que esa violencia era la que tenía mayor intensidad. Pero no es cierto, la de mayor intensidad es la que sucede en el hogar.

—¿Es peor la violencia que sufren los niños a la que padecen las mujeres?

—Sí, porque paradójicamente las historias de violencia se repiten. Los indicadores dicen que la persona que más ejerce violencia en los niños son las mujeres, porque repiten los patrones de conducta, ellas son violentadas y están a cargo de los niños. Tenemos una sociedad todavía muy tradicional. Esta violencia en el hogar se dice, pero luego se oculta. Como sociedad nos pone en la disyuntiva que todavía no acabamos de superar: los niños no son propiedad de los padres, no son un asunto privado, sino un tema público.

"Mientras, por ejemplo, cada vez avanzamos más en las denuncias de violencia al interior de la familia, cuando ves que un vecino golpea a su mujer lo denuncias… eso va avanzando, pero nadie denuncia que su vecino le pega a sus hijos. Tenemos la visión del castigo corporal como corrección y perdemos la oportunidad de poner un alto."

"El año pasado se discutió la nueva Ley General de Garantías de Derechos de Niños y Niñas en México.

Entre las propuestas había una que se refería a prohibir el uso del castigo corporal con fines educativos y correctivos, y se paró. ¿Por qué? Porque en esta lógica hay un proceso de naturalización de la violencia hacia la infancia, y lo otro es que todavía hay un sentido de propiedad: ¿Por qué los padres pueden hacerlo? Porque los están educando, entre comillas."

"Lo que se vive en las casas tendrá un reflejo en los otros ámbitos. Los seres humanos nos hacemos más cínicos cuando nos hacemos adultos, nuestras contradicciones crecen, te podrán decir lo que sea en términos de la violencia, pero si te formas en eso, si así te crías, ejerciendo violencia física y sicológica en tu vida cotidiana con otros seres humanos, con los niños, a quienes más debes cuidar y querer, pues así vivirás siempre. Uno dice: 'No pegues', pero ellos sí reciben sus nalgadas. No es lo que les dicen, sino lo que viven y ven."

—Estamos hablando de una condición de "normalidad" de la violencia, pero lo que debe preocupar es qué clase de futuro van a tener los niños.

—Esa es la gran pregunta. Y nos la hacíamos en Juárez (ciudad fronteriza del estado de Chihuahua). Número uno, qué pasa con los niños pequeños, no es que no lo sientan, es que no lo pueden hacer consciente. Son testigos de escenas criminales y como si no pasara nada. Les preguntan qué les da miedo pero no les da miedo lo que viven, pero sí temen al "coco" que va a venir a jalarles las patas. Viven en medio de la violencia pero no pueden hacerla consciente. Además, hay adultos que creen que los niños pequeños no entienden y sostienen que como no tienen razón y no entienden, pues no pasa nada. Y los niños siguen expuestos a la violencia como si no les afectara, pero sí les afecta. Lo peor pasa con los niños pequeños.

"En segundo lugar, qué puedes razonar si eres víctima directa de la agresión, y no tanto si eres testigo. Si eres objetivo directo de la agresión, dices 'me lo merecía (la golpiza, los cintarazos, los balazos)', y no lo razonas como falta de cariño o desamor. Pero cuando eres testigo, la mayoría de los afectados no lo pueden razonar. Ser testigo de la violencia es no tener elementos para entenderla."

"¿Qué va a pasar? No lo sé, es mi gran preocupación, ¿qué tipo de adultos serán estos niños, si no tomamos acciones al respecto? ¡Híjole! ¡No sé! De entrada creo que les va a costar mucho trabajo ser felices, por varias razones: hay una estructura de desconfianza, violencia y naturalización de la violencia, esta estructura te excluye de las lógicas de movilidad y felicidad, te pone en el terreno de lo inmediato, de lo demasiado práctico."

"Otro problema relacionado es, por ejemplo, el embarazo de adolescentes, presente en muchos de los chavos metidos en bandas, con proyectos de vida que no va más allá de diez años, a partir de su integración a estos grupos. Estuve hace como diez años en Culiacán, en colonias en las que es *fuertísimo* el fenómeno de la violencia y más su reincidencia. Las jovencitas se embarazan, no por falta de información, sino por cuestiones subjetivas: la apuesta por un futuro inmediato: 'No voy a lograr nada, pero voy a tener un futuro en el que cuando menos soy mamá', y eso no es accidental, es una apuesta de vida."

"Así las cosas, nos enfrentaremos cada vez más a estos fenómenos de acortar la infancia. A diferencia del mundo desarrollado y de bienestar, en estas zonas vas a tener lo contrario, los jóvenes van a entrar al mundo adulto sin herramienta alguna."

Los datos del horror

Nashieli agarra aire. Parece necesitar un compresor para soltar todo lo que guarda su cabeza, su corazón, su sangre, las venas, manos, piernas y boca. Todo en ella es activismo. Defender, proponer, luchar, criticar y hacer y hacer y hacer más. Siempre más, porque nunca es suficiente.

"Desde el gobierno del panista Felipe Calderón a la fecha, con los poco más de dos años que lleva el gobierno de Enrique Peña Nieto, del PRI, van como 3 mil niños muertos (violentamente)", manifestó.

"Durante el mandato de Calderón –agregó–, los datos estaban más a la vista, porque le gustaba competir en cifras, aunque éstas fueran negativas. Pero en lo que va de Peña Nieto las cifras no están tan a la mano."

"Dijo que una de las demandas que se tenían era que hubiera un registro de niños asesinados, no agregado a los huérfanos, lo cual también se planteó ante la Cámara de Diputados. Pero todo igual: no pasó nada. La responsabilidad era, o es, del Sistema para el Desarrollo Integral de la Familia el DIF, pero las autoridades de esta dependencia argumentan que no tienen dinero para esto. Y nadie lo hace. Dicen que no tienen dinero para hacer un registro y que éste debe venir de las áreas de procuración de justicia, y mientras es uno u otro, seguimos sin tener estos datos."

Nashieli Ramírez Hernández estudió medicina y sociología. Se especializó en investigación educativa y ejerció la docencia. Fundó en 2002 Ririki, Intervención Social SC, cuyo antecedente es la Red de Consultores Sociales, que desde 1995 ofrecía servicios de capacitación y desarrollo a organizaciones sociales y de género.

En lengua tewi niukiyari, "Ririki" significa "Casa de lo sagrado, casa de la familia o casa del poderío". En la página de esta organización, actualmente coordinada por Nashieli, se explica que los ririki son los pequeños templos de adobe que construyen los wixárikas (o huicholes) para recordar y venerar a sus deidades y ancestros. En Mäori, lenguaje de los nativos de Nueva Zelanda, ririki quiere decir "niño pequeño".

Según su mitología, las estrellas, denominadas ra ririki (pequeños soles), son los miembros más jóvenes del universo.

Los datos acopiados por esta organización, con el apoyo de otras instituciones y los informes aparecidos en medios de comunicación, indican que de 2006 a 2010, cerca de mil 685 personas de 0 a 14 años fueron asesinadas en la llamada lucha contra el crimen organizado. Además, cerca de 30 mil niños colaboran con grupos criminales de diferente manera: tráfico de drogas, trata de personas, extorsiones, contrabando, prostitución infantil y adiestramiento de sicarios paramilitares. Son alrededor de 22 tipos de delitos, de acuerdo con lo publicado por Norberto Emmerich, en *Documentos de Trabajo. Cruce de fuego: niños, niñas y adolescentes en el narcotráfico mexicano* (Universidad de Belgrado, Buenos Aires, 2011).

Datos de la Presidencia de la República, señalan que hubo 2 mil muertos de 2009 a 2010 que tenían entre 16 y 20 años. Según estimaciones elaboradas en el 2006 por algunas organizaciones civiles, hay alrededor de 30 mil huérfanos. Solamente, la Comisión Estatal de Derechos Humanos de Chihuahua ha certificado que en Ciudad Juárez viven 12 mil niños huérfanos a causa de la violencia, mientras que en Michoacán se habla de entre 5 mil y 7 mil huérfanos.

"En 2009, el Sistema Nacional de Información de la Asistencia Social informó que había 10 mil 326 menores en albergues, pero aún faltaban contabilizar 17, ya que éstos no tenían datos. Según la UNICEF, México ocupa el segundo sitio en Latinoamérica con mayor número de huérfanos, siendo aproximadamente más de un millón y medio", de acuerdo con el trabajo *Los huérfanos de la guerra*, realizado por Jesús Lemus y publicado en *Reporte Índigo*.

Informes del Centro de Estudios Sociales y de Opinión Pública, citados por la Cámara de Diputados, indican que de 2006 a abril de 2010, la Secretaría de la Defensa Nacional (Sedena) reportó la muerte de 700 jóvenes con algún vínculo con organizaciones criminales. Entre diciembre de 2006 y abril de 2010, fueron asegurados 3 mil 664 menores entre 13 y 17 años, en operativos contra la delincuencia organizada. De éstos, la PGR detuvo 3 mil 406, la Sedena 232 y la Marina 26. El número de menores asegurados de 2006 a 2011 incrementó a 4mil 44.

El semanario *Proceso* publicó que alrededor de 33 por ciento de los desaparecidos o extraviados durante el gobierno de Calderón tienen entre 15 y 29 años, y con Peña Nieto la cifra asciende a 39.5 por ciento. Además, una de cada diez personas desaparecidas (1.33 por ciento) durante los poco más de dos años del mandato peñista es un niño de entre 0 y 4 años,

En los estados en que aumentó la tasa de homicidios dolosos –Baja California, Chihuahua, Durango y Sinaloa–, también subió el índice de muertes infantiles. "Para subrayar la importancia de la cifra, es suficiente comparar los 503 niños y niñas muertos desde 2000 hasta 2006 con los 994 muertos en los últimos tres años y 10 meses", indica la Red por los Derechos de la Infancia en México (REDIM), en el informe *Infancia y conflicto armado en México.*

"Tan sólo en los últimos 5 años se han extraviado más de 75 mil menores en nuestro país, y poco más de 150 mil niños han desaparecido. Según las cifras del Registro Nacional de Personas Extraviadas, el 67 por ciento tiene que ver con sustracción ilegal de menores, el 9.3 por ciento de los casos se refiere a ausencias voluntarias; el 10.5 de desaparición; el 2.3 es extravío; el 9.3 robo y el 1.2 secuestro. De acuerdo con estas cifras, el 58 por ciento de los desaparecidos tiene de 4 a 12 años y las víctimas son mayoritariamente del sexo femenino", indica en su estudio –ya citado–, Norberto Emmerich.

Cuando el discurso se cae
"¿Qué dio resultado en Colombia, por ejemplo? –se pregunta Nashieli, y responde– de entrada, las políticas públicas más integrales, como la recuperación del territorio, que es fundamental. Por un lado, ley y orden; por

el otro, mucho trabajo de reconstrucción del tejido social. Creo que en el discurso lo tienen mucho más claro en este sexenio, pero ponerlo en práctica es bien difícil, porque siguen sin estructuras fuertes, sin gente que represente al Estado en el territorio."

"¿Hacia quién se voltea hoy?, ¿quién representa a los jóvenes?, ¿la policía, el ejército, la mano dura?, pues no hay otro referente del Estado que no sea la línea dura. Qué hacer en cuanto a la prevención del delito, la mitigación del dolor, porque no es fácil entrar a lugares donde hay grandes niveles de descomposición social y otros donde la violencia está marcando la vida cotidiana."

"Tienes que entrar con contención, no vas a prevenir nada, tienes que contener y reparar. Como ves, son visiones diferentes, además, tenemos muy poca gente que representen al Estado en el territorio, en términos de tejido social, de reconstrucción, de salud mental social. Y esa es otra cuestión: en este país no se entiende que hay que tener intervenciones sicoeducativas y sicosociales, pues la violencia se naturaliza y se incorpora también en la lógica de nuestro desarrollo mental, y en eso estamos totalmente descuidados."

—¿Entonces, de acuerdo con lo que me dices, podemos hablar de una generación genéticamente marcada por la violencia?

—Mira, lo bueno es que las investigaciones recientes han descubierto que genética no es destino, y eso es muy importante. Tienen veinte años estudiando epigenética, que se ocupa del papel del medio ambiente en el desarrollo de tu propia genética. Eso es muy esperanzador, porque te dice que así como están determinando esta violencia algunas cosas, también las puedes des-determinar. Esto es muy importante para los que estamos trabajando en estos ámbitos. E indica que sí hay manera de cambiar. Esa misma impronta puedes cambiarla de manera diferente, el problema es que no es sólo voluntario, se requiere de una apuesta masiva al respecto y ocuparse de las problemáticas.

"De repente siento que a la gente no le importa. Esta visión, por ejemplo, de la violencia en los chavos, de que el asunto se reduce a víctimas y victimarios, es terrible. O que se reduce sólo a tenemos un déficit de estructuras y de respuestas socioemocionales adecuadas como individuos, pues también es malo."

"Por ejemplo, qué significa eso de las cartillas que emitió la SEP con el rollo de la violencia en escuelas: les dan a niños de tercero de primaria una cartilla que les dice qué deben hacer en sus casas, que tienen qué ver cuál es su posición respecto a la violencia, que si eres víctima cuenta hasta cinco y controla tu ira. Y si eres victimario, también... Discúlpame, pero a esa edad, a los ocho o nueve años, la obligación de todo mundo es contar hasta 25, la obligación es de los adultos, no responsabilidad de los niños, pues tienen mal manejo de la ira."

"No te digo que no haya niños con problemas individuales, pero son los extremos, así como hay pocos santos también hay pocos malévolos. En el medio hay una gran masa que es gris y no deben tratar a todo mundo en los extremos. La política debe atender los extremos, pero también a todos, y a esa mayoría que estamos en medio."

—¿Sientes que a la sociedad no le importan los niños, que es un saldo de la deshumanización?

–Es paradójico. Nadie te va a decir que no les importan los niños, el discurso es que sí importan. Todo mundo dirá que al contrario, sí importan, y que por eso trabajamos todos los días. Por el lado de los políticos, es un asunto muy pragmático, lo hacen de manera clientelar y como los niños no votan, pues los niños pierden.

Cuando van a decidir dónde poner el dinero, ahí empieza a caerse el discurso. Prevalece en el ámbito social la idea de que quienes tienen que trabajar por los niños son los adultos, la familia. O sea, que es un asunto privado. Pero esto es erróneo. Por eso, cuando revisan se van hacia los adultos, porque lo asumen como una responsabilidad privada y no es que no le apuesten a los niños, sino que sienten que hay una estructura en la sociedad: la familia, que debe hacerse cargo, y puede interpretarse que se pierde sentido o no hay interés, pero es la visión de lo privado.

Está el caso de los New's Divine –discoteca de la Ciudad de México en la que murieron 12 jóvenes, debido a una estampida humana, durante un operativo policiaco, en junio de 2008–: todo mundo se preguntó dónde estaban los papás de estos adolescentes, incluso tú podrías decir '¿Dónde estaban?' Pues trabajando, ¿y por qué estaban ahí esos jóvenes?, pues porque en las colonias las opciones de esparcimiento y diversión son nulas, y las que deben estar supervisadas por el Estado, como ésta, no lo están.

Nashieli habla siempre como si tuviera prisa. No habla sin esos resuellos que parecen anunciar llanto. Creció en una familia "de izquierda", de padres y abuelos liberales, maestros "alivianados", formados en la cultura del derecho y el respeto. Tuvo, asegura, una infancia protegida: su padre incluyó el castigo físico en la formación de los hijos, pero había un contexto que representaba un fuerte contrapeso: el amor. Esa condición era mayor al cinturón que sonaba en las nalgas o espaldas de cualquier infante del país. Muchos de los presos tuvieron estos golpes, pero no amor, advierte.

"La lógica de una infancia feliz es la de sentirse querido, no radica en lo que te pongan en la mesa. Claro que quisiéramos que todos los niños tuvieran la posibilidad de comer carne, si lo quieren, todos los días, pero también es cierto que separar a los niños de familias pobres porque no pueden comer más que frijoles, es una pendejada: ese platito de frijoles vale lo mismo si se da por y con amor", afirmó.

—¿Qué tanto te han perseguido, hasta llegar a pegarse en el cuerpo y se te queden en la cabeza, los casos en que has actuado directamente?

—En términos colectivos, todos los que viví en Ciudad Juárez: la orfandad es algo que te marca todo el tiempo. Es el fenómeno en su conjunto, el de la violencia, que era muy fuerte en Ciudad Juárez, te pega muy duro, afectivamente, pues llorabas todos los días por la gran impotencia, por lo que pasaba y el efecto en los niños: desde la orfandad, la pérdida, el oírlos cómo manejaban esa pérdida tan natural para ellos, tan común. Eso te afecta muchísimo.

"Laboré muchos años en Sinaloa. Fuimos de 2000 a 2005 a trabajar con jornaleros agrícolas y la verdad esa pobreza, esa explotación, pega mucho. Es terrible, allí sientes cómo se apagan los focos, la luz de los ojos de los niños. Los niveles altos de explotación tampoco te dejan tranquilo. A mí, en lo personal, me afectan mucho, mucho, mucho."

Toda su vida Nashieli ha estado en la educación y los trabajos sociales. Son los temas instalados entre sus sienes. Tiene un compromiso social con todos, pero específicamente con la infancia. Trae el alma de *infantóloga* latiendo con fuerza en cada uno de sus poros: ya sin prendas encima, hay una niña y un niño jugando siempre en sus adentros, divertidos y también con sufrimiento, apenados pero en ocasiones asoman victoriosos, con enjundia, porque a pesar de las batallas perdidas, hay sonrisas por cosechar y una justicia que atrapar.

"Con un atrapasueños, si es necesario, pero hay que cazar lo que nos han negado y merecemos", sentencia.

Nashieli Empezó trabajando en educación y de repente se vio atendiendo a niños, niñas y adolescentes. Eso fue hace casi tres lustros, pero nunca imaginó que la violencia los atraparía, a ella y a esa infancia dolorida. Que quedaría ella ahí, como un pez en la red, queriendo nadar y zafarse. Nadar y ser libre. Siempre:

"Cuando empecé a manejar esta agenda, jamás me imaginé que en poco tiempo la violencia en todas sus expresiones se volvería uno de los ejes de mi trabajo. Lamentablemente lo es... no son buenos tiempos para la infancia de este país".

Impresión de interiores: de Impresos Vázquez Contreras.
Se terminó de imprimir en enero de 2015
en los talleres de Impresora Internacional, S.A. de C.V.
Centeno 162-1, Col. Granjas Esmeralda,
C.P. 09810, México, D.F.